イラストでわかる 日本の伝統行事・行事食

谷田貝公昭
第1部 伝統行事編［監修］

坂本廣子
第2部 行事食編［著］

合同出版

この本を読むみなさんへ

あなたは、日本の伝統行事について知っていますか？
特別な日に食べるさまざまな料理の、そのつくり方、その意味を知っていますか？

「毎年お正月にお節料理やお雑煮を食べるのはなんでだろう？」
「子どもの日にはなんで鯉のぼりを立てるの？」
「学校でお月見団子をつくるんだけど、そのまえに家でつくってみたいな！」

日本には、一年を通して楽しい行事がたくさんあります。
はるか昔にはじまった古い風習から、最近になって外国から伝わってきたお祭りなど、暮らしの中の大切な催しとして伝えられてきました。

みなさんの家庭や園、学童、学校などで行なうこともあるでしょう。
そんなときに、行事が行なわれる元の意味を知っていたり、その行事に関係する特別な料理のつくり方を知っていたら、その行事を通していままで以上に暮らしに楽しみを見つけたり、家族や仲間、地域での暮らし方を考えなおしたりすることができるでしょう。
この本が、そんな暮らしをゆたかにする参考になれば幸いです。

●保護者・先生方へ

この本は、日本の伝統行事や行事食について、たくさんのイラストを使って解説しています。

第1部の【伝統行事編】では、日本で行なわれている主な行事の詳細な知識が、第2部の【行事食編】では、特別な日に食べる各種の料理のレシピを紹介しています。

一年間の行事を順を追って紹介していますので、家庭や園、学校などで取り組むときの参考になると思います。

家庭や地域を中心に行なわれてきた各種の行事や行事食（歳事食）の中には、時代が変わるにつれてその本来の意味がわからなくなったり、地域ごとにさまざまな解釈がされているものも少なくありません。なかにはほとんど消えかけているものあります。その意味で、本書の解説は研究的な統一見解に基づくものではなく、新旧の日本で行なわれている行事に込められた想いを子どもたちと学ぶ際の参考になればと考えております。

合同出版編集部

この本を読むみなさんへ 3

第1部　伝統行事編

1 正月（1月1日〜6日） 10
2 七草粥（七日正月）（1月7日） 18
3 鏡開き（1月11日） 20
4 小正月（1月13日〜15日） 22
5 節分（立春の前日） 28
6 事始めと事納め（2月8日と12月8日） 30
7 バレンタインデー（2月14日） 32
8 初午（2月初めの午の日） 34
9 ひな祭り（3月3日） 36
10 お彼岸（春分の日・秋分の日） 38
11 お花見（3月下旬〜5月上旬） 40
12 エイプリル・フール（4月1日） 42
13 花祭り（4月8日） 44
14 憲法記念日（5月3日） 46
15 みどりの日（5月4日） 48
16 こどもの日（5月5日） 50
17 母の日（5月の第2日曜日） 52
18 更衣（6月1日と10月1日） 54
19 父の日（6月の第3日曜日） 56
20 夏越し（6月30日） 58
21 七夕（7月7日） 60

もくじ

イラストでわかる
日本の伝統行事・行事食

22 海の日（7月の第3月曜日） ... 64
23 土用の丑の日（立秋前18日間中のはじめの丑の日） ... 66
24 原爆記念日（8月6日と8月9日） ... 68
25 お盆（7月13日〜15日・8月13日〜15日） ... 70
26 終戦記念日（8月15日） ... 76
27 防災の日（9月1日） ... 78
28 敬老の日（9月の第3月曜日） ... 80
29 お月見（9月の十五夜と10月の十三夜） ... 82
30 赤い羽根共同募金（10月1日〜12月31日） ... 84
31 体育の日（10月の第2月曜日） ... 86
32 亥の子（10月10日・11月10日） ... 88
33 読書週間（10月27日〜11月9日） ... 90
34 文化の日（11月3日） ... 92
35 七五三（11月15日） ... 94
36 勤労感謝の日（11月23日） ... 98
37 大師講（11月23日〜24日） ... 100
38 正月始め（12月13日） ... 102
39 クリスマス（12月25日） ... 104
40 大晦日（12月31日） ... 106

第2部　行事食編

1. お食い初め（離乳食のお粥／タイご飯／にんじんＯＲＳスープ）......112
2. １歳のお誕生日（お赤飯／フライドチキン／ごまブラマンジェ）...116
3. 成人式（成人の日）（ご飯を炊く／手巻き寿司）..................120
4. 正月（お雑煮〈関東風・京風〉／お節料理／タイの浜焼き）......124
5. 七草（七草粥／あられ七草粉粥／七草の菜飯）..................132
6. 鏡開き（ぜんざい〈お汁粉〉）..................................136
7. 小正月（小豆粥）..138
8. 節分（鰯の蒲焼き）..140
9. バレンタインデー（チョコレートケーキ）........................142
10. ひな祭り（はまぐりのお吸い物／ちらし寿司）..................144
11. 春の彼岸（ぼた餅）..148
12. 歓送迎会（おにしめ／春餅（ツンピン）／かたくり餅）..........150
13. 花見（だし巻き卵／変わりお握り）............................154
14. 復活祭（イースター）（卵料理）..............................158
15. 端午の節句（若竹煮／柏餅／ちまき）..........................160
16. 七夕（そうめん／つゆそうめん／ひき茶かん）..................164
17. 土用の丑の日（うなぎ寿司／ひつまむし／うなたま）............168
18. お盆（変わりがんもどき／ひじきの煮つけ／ごま豆腐）..........172
19. 終戦記念日（すいとん／ぞうすい）............................176
20. 防災の日（厚手の鍋で炊くご飯／乾物サラダ／パンケーキ）......180

21 月　見（中秋の名月）..................184
　（お月見団子／里芋のきぬかつぎ／里芋のゆず味噌煮）

22 秋の彼岸 （ひなび田楽／ナスのけんちん煮／おから）..................188

23 敬老の日 （茶碗蒸し）..................192

24 七五三 （紅白なます／かき揚げ／きな粉飴）..................194

25 冬の保存食 （ぬか漬け／のりつくだ煮／そぼろふりかけ）..................198

26 冬　至 （かぼどりの揚げ煮／白玉のかぼちゃあん／かぼちゃのミルク煮）..................202

27 クリスマスイブ..................206
　（クリスマスケーキ／ローストチキン／てり焼きチキンもも／ローストビーフ／
　りんごのほったら菓子）

28 餅つき （ずんだ餅／からいもんねったぼ／焼き餅いろいろ）..................212

29 大晦日 （ねぎそば）..................216

行事の祝い方・楽しみ方 218
かいせつ 222

第1部
伝統行事編

1 正月

◆1月1日〜6日

　正月は、この1年がめでたく、幸せであれと祝う家庭のお祭りです。元旦（元日の朝）は「年祝い」ではじまります。家族で「おめでとう」といい合い、屠蘇を飲みまわして雑煮を食べるひと続きの儀式です。雑煮を食べることを「雑煮を祝う」といいますが、ここから、人間の命・魂は自然とおなじように循環するという日本人の考え方を知ることができるでしょう。

　正月は、霊魂の増えるときであり、生命の更新されるときでした。そういった力をもたらすものが、米のもつ神聖な力がとくにこもった餅や酒です。餅や酒をその年をつかさどる年神に供え、年神から家族全員に分配してもらうことによって稲の霊力を身に付ける、というのが年祝いなのです。「おめでとう」とは、新しく授かった生命力を祝い合うことばといえるでしょう。

1 正月に迎える神さま

　正月に迎える神さまは、「年神」「正月さま」「歳徳神」とよばれます。稲をゆたかに実らせてくれる田の神、家の祖先神と考えられています。

　むかしの子どもたちはこんなわらべ唄を歌ってお正月を待ちました。

　　お正月さんどこまでござった
　　羊歯を裳に着て
　　つるの葉を笠に着て
　　門杭を杖について
　　お寺の下の柿の木に止まった

ユズリハ
新しい葉が開くと、古い葉が垂れ下がってゆずる形になることから「ユズリハ（譲葉）」とよばれます。「親子草」ともよび、子孫繁栄の願いを込めています。

→羊歯

→お餅

●正月さま

中田幸平著『昭和子ども歳時記』（八坂書房）より。

2 門松

　年神の依代（神霊が乗り移るもの）が「門松」です。この門松を伝って年神が降りてきます。

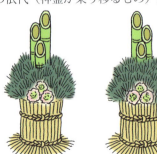

●門松
官庁や会社などの建物の入り口に、左右一対で飾られています。

●松飾り（一般家庭の飾り）

3 しめ飾り

しめ飾りは、神さまがいる区域であることを示すための標識です。玄関や神棚、床の間、家の中の大事な柱に張り、不浄なもの（清らかでないもの）を寄せつけないようにします。

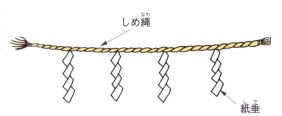

●一般的なしめ飾り
向かって右側に太いほうがくるように張ります。左縒りに編んでいき、わらの尻は切らずに長いままにします。いなわらはホームセンターなどで手に入ります。紙垂を下げます。

4 紙垂のつくり方

紙垂は稲穂の垂れ下がった姿をかたどったものです。しめ飾りや鏡餅などに垂れ下げます。四手とも書きます。

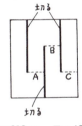

タテ318mm×ヨコ424mmの紙で家庭のしめ縄用の紙垂が6枚つくれます。

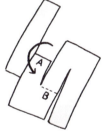

①Aを谷折りします。

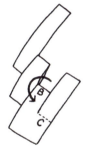

②続けてB（裏になる）を折ります。

③Cを谷折りします。

5 鏡餅

鏡餅の形は心臓をかたどったものともいわれています。神棚や仏壇、床の間などにお供えします。丸くて白い餅を霊魂のシンボルと考えています。年神にお供えした鏡餅をお雑煮に入れて食べることによって、年神から新しい力（稲魂（玉））を授かると考えられていました。

・ウラジロ
シダ類で、裏が白いことから「裏白」とよばれます。2枚の葉が向かい合って茎につくことから夫婦の相性のよさ、「裏を返しても心は白い」という潔さ、白髪になるまでの長寿を象徴します。

・三方
神仏へのお供え物や身分の高い人への献上物をのせる台。台の三方に穴が開いていることから「三方」とよばれます。

・橙
一度実がなると、4〜5年は落果しないことから、めでたい果樹とされています。

エビ
モチ（2つ）
ユズリハ
昆布
半紙
紙垂

飾りとして伊勢エビや串柿などを添えたりします。

6 お年玉

「年玉」のもとの意味は、新年のめでたい気持ちを表すために目上から目下に贈る物のことです。いまでも正月のあいさつまわりに手ぬぐいやタオル、半紙一帖などをもっていきます。贈る物は、むかしにさかのぼるほど食べ物が多く、餅が主流でした。

この餅は「年玉（魂）」とよばれ、神さまからいただくものと信じられ、これを食べることによって年齢がひとつ増えると考えられていました。

お年玉をいただいたら、大きな声できちんと「ありがとうございます」とお礼をいいます。お年玉にかぎらず、贈り物をいただくときは両手で受け取ります。相手が座っているばあいは、自分も座って受け取ります。

7 年始まわり

年のはじめに親戚や知人の家を訪問することを「年始まわり」といいます。新年の祝いのことば（賀詞）を交わすことが目的です。

以前は親戚が親元に集まって先祖をまつり、生きている親を祝福して年越しをおこなっていましたが、しだいに各家庭で年越しをおこなうようになったため、歳末のあいさつと元日のあいさつのふたつの行事に分かれていったといわれています。このならわしが親戚以外に広がったのが年始まわりです。

各地方でいろいろなあいさつのことばがあります。教えてもらいましょう。

8 お節料理

お節料理は「節句」とよばれる行事日に食べる料理という意味です。ひな祭りのごちそう、端午の節句の柏餅、七夕のそうめんなど、すべてがお節料理ですが、いまでは1年の行事のうち、もっとも大事な正月の正式な料理、なかでも数々のめでたい食べ物を重箱などに盛った料理のことをいいます。

・黒豆
黒は魔除けの色。「まめ」に暮らせるように。

・ごまめ（田作り）
豊作祈願。肥料にしたら、米が五万俵もとれたことから「五万米（ごまめ）」という。

・たたきごぼう
ごぼうの黒は、豊作のときに飛んでくる瑞鳥（ツルや鳳凰などのめでたい鳥）の色を表し、豊作と1年の無事を祈願する。

・数の子
子宝の象徴。

〈関東〉

〈関西〉

● お節料理を代表する三つ肴

9 重箱の詰め方

お重にしない地域も多く、用いられる食品もさまざまです。三段のお重のばあい、①三つ肴（祝い肴）や口取り（オードブル）、②酢の物や焼き物、③煮物が入ります。

●一の重
黒豆／数の子／ごまめ（関西ではたたきごぼう）／床節／アナゴの八幡巻き／イカの松かさ／ブリの照焼き／煮ダコ／焼きはまぐりなど。

●二の重
なます／小鰭の粟漬け／蓮根の酢漬け／ローストビーフ／鴨のくんせい／ハムなど。

●三の重
クワイ煮／里芋煮／ごぼう煮／しいたけ煮／たけのこ煮／昆布巻きなど。

10 お雑煮

三が日（1日～3日）の朝の食事は雑煮からはじまります。餅を煮込んだ汁で、餅の形、具の種類、だしの材料、汁の仕立て方の4つで、各家、各地の味が決まります。大きくは、関東風と関西風があります。雑煮は画一化されずに各地の特色を保っている料理です。

●関東風
すまし仕立ての汁に焼いた切り餅を入れます。

●関西風
白味噌仕立ての汁で小さな丸餅を煮込みます。

●柳箸
お雑煮を食べるときは、柳の白木で少し太めにつくった「柳箸」を使います。箸袋にめいめいの名前を書き、三が日はこの箸を使います。

11 お雑煮に使われる具のいろいろ

12 お屠蘇の由来

「お屠蘇」は、日本酒またはみりんに山椒、桔梗根、肉桂などの薬草や香料を混ぜ合わせた「屠蘇散」という漢方薬を浸した薬酒です。「屠蘇散」は、中国の後漢末期の名医、華佗が風邪の予防薬としてつくり、年末に知人たちに贈ったところ、よく効くことが評判になり、薬酒として飲むならわしが定着したといわれています。

「屠蘇」とは、邪気を途絶(消滅)し、人の魂を蘇生させるという意味です。元日に家族そろって飲みまわし、1年の邪気を払います。

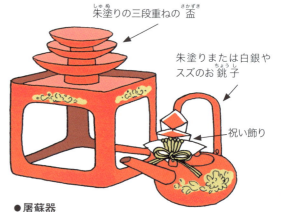

● 屠蘇器
お屠蘇を飲むのに用いる正月の祝い道具です。銚子の内側の漆がはげたり割れたりしますので、使い終わったあとは、なるべく早く洗い、水気をぬぐいます。

13 お屠蘇のつくり方と注ぎ方

● お屠蘇のつくり方
大晦日の晩、日本酒180mlに屠蘇散1袋を浸しておきます。屠蘇散はティーバッグ式のものが売られています。

● 注ぎ方

はじめは静かに細く注ぎます。

つぎは強く太く注ぎます。

最後は細く長く注ぎます。

14 お屠蘇の飲み方

年少者から年長者へ順に飲み送りをします。これは、古代中国の思想家、孔子の教えをまとめた『礼記』の「まずは年少者が毒味をし、その若さや元気を年長者がもらって長生きできるように」との願いが込められています。お屠蘇は縁起物なので、子どもやお酒が飲めない人でも、飲むまねをしましょう。

15 初日の出

国語辞典で「初」の漢字のついたことばを探すと、実にたくさん見つかります。日本人が「初」というものに、いかに価値をおいていたかがわかります。なかでも「初日の出」は1年のはじまりという格別な意味をもっています。

しかし、最近の調査では、小学生2000人のうち、日の出を見たことがない割合が50%強でした。ぜひ初日の出を体験してみましょう。自然の時間の中に生きている実感をもつことができます。

初日の出を見に行くためにだけ運行される電車やバスがあります。

16 初夢

新年を迎え、初めて見る夢を「初夢」といいます。初夢の内容の善し悪しによって1年の運勢を判断したりもします。

この「初夢を見る」という風習は江戸時代に広まりました。当時の人たちは、よい初夢を見られるように、「宝船」という一種のお札を枕の下に敷き、そこに書かれた、上から読んでも下から読んでもおなじ「回文」の歌を3度読んでから寝ていました。

回文の歌
なかきよの とおのねふりの みなめさめ
なみのりふねの おとのよきかな

『守貞謾稿』（1853〔嘉永6〕年刊）より。

● **宝船**
数々の宝物をのせた「宝船」の上に、回文の歌が書かれています。これは聖徳太子の詠んだものとされています。

17 書き初め

新年になって初めて書や絵をかくことを「書き初め」といいます。ふつう正月の2日におこないます。もとは恵方（年神の来る方角）に向かってめでたい詩歌を書く「吉書」という、宮中の正月行事でした。

江戸や大坂（大阪の旧名）といった大都市の寺子屋で子どものための正月行事として定着したのは天保のころだといわれています。当日は、先生からあべかわ餅がふるまわれたり、福引きの催しなどもあり、子どもたちは正月行事として楽しみにしていました。

● **書き初め**

18 かるたとり

　お正月遊びの代表格、かるたは、平安時代に貴族の間でおこなわれていた「貝合わせ」から生まれました。はまぐりの殻を右貝と左貝とに分け、右貝を床に並べ、左貝を1個ずつ出して、これと合う右貝を多く取った者を勝ちとする遊びです。

　その後、貝の代わりに厚紙に絵や歌をかき、形もポルトガル伝来のカルタ（carta）になり、「歌がるた」とよばれるようになりました。

「いろはがるた」は子ども向けにつくられた歌がるたです。絵札、読み札がそれぞれ48枚あります。

19 こままわし

　唐時代の中国から高麗（現在の韓国北西部）を経由して日本に伝わったので「こま」とよんだといいます。江戸時代に男の子の遊びとして一般化しました。なかでも人気のあったのが「貝独楽（べいごま、ベーゴマ）」です。バケツや洗面器の上にゴムカッパの類を敷き、中央をへこませたところでベーゴマ（貝の形の鋳物）をまわします。長くまわり続けることを競う遊びを「寿命くらべ」、まわしながら相手のこまをはじき出すのを「当独楽」といいます。

●こまのまわし方
①こまの表側の軸に沿ってひもをひと巻きしたあと裏返しにし、表側とおなじように軸に沿って内側から外側へ巻き上げます。

②こまを表に向け、ひもの端を小指と薬指の間にはさみながら、親指と人さし指でこまのへりをもち、こまを投げると同時にひもを手前に引きます。

20 凧揚げ

　凧は、農作物の出来を占ったり、軍事（合図や信号）、土地の測量などに用いられたものでした。江戸時代になって遊びとしての凧揚げが盛んになり、絵凧、文字凧、奴凧、鳶凧など、いろいろな凧が誕生しました。

　土地によって凧を揚げる季節に違いがあります。正月に凧を揚げるのは東京を中心にした風習のようです。凧のよび名も地方によってさまざまです。調べてみると興味深いテーマです。

〈凧揚げ唄〉
風吹けけ　な吹け
風の神は弱いな
天道さまは強いな
（風がないとき）

風吹くな　な吹くな
風の神は強いな
天道さまは弱いな
（風が強いとき）

凧揚げは河原や広い公園でやりましょう。

21 手毬(てまり)

まりの歴史は大変古く、奈良時代に中国から伝わりました。はじめは足で蹴り上げ、落とさないように足で受け止める「蹴鞠(けまり)」という貴族の遊びでした。

やがて女の子が部屋の中で座ってついて遊ぶようになりました。江戸時代になって、手毬唄の流行とともに、ついた数を競う遊びとして広まりました。

〈手毬唄〉

あんた方どこ㋖
肥後㋖
肥後どこ㋖
熊本㋖
熊本どこ㋖
せんば㋖
せんば山には
たぬきがおって㋖
それを猟師が
鉄砲で撃って㋖
煮て㋖
焼いて㋖
食って㋖
それを木の葉で
ちょいとかく〜せ

＊○に合わせて片足またぎや跳び越しなど〜〜で1回転したり足の下をくぐらせる。

22 羽根(はね)つき

平安時代の宮中の正月遊びで、蚊の退治や子どもの疫病(えきびょう)除けのまじないとしておこなわれたといいます。羽根は、ムクロジという木の実に鳥の羽をさし、蚊を食うトンボに似せたもので、「胡鬼子(こぎのこ)」といいました。板は、柄の付いた長方形の板で「胡鬼板(こぎいた)」とよびました。

〈表〉 羽根 〈裏〉こちら側でつく

数え唄を歌いながらどれだけ長くつけるか競うのを揚羽根(あげはね)といい、ひとつの羽根をふたり、またはふたりずつ2組でつき返す遊びを追羽根(おいばね)とよびます。

23 福笑(ふくわら)い

「お多福(たふく)」の顔の輪郭(りんかく)だけが描かれた紙の上に、目隠(めかく)しをして眉(まゆ)、目、鼻、口を置いて顔を完成させる遊びです。ほかの人が「鼻」「目」といいながら、ひとつずつ渡します。渡す順に決まりはありませんが、「鼻」といって「目」を渡すのはルール違反です。

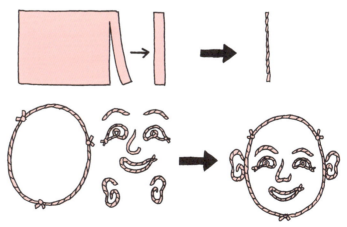

●こよりを使って福笑いをつくる方法
「暗闇細工(くらやみざいく)」の名前で親しまれてきた遊びです。

2 七草粥（七日正月） ◆1月7日

元日から6日までを大正月といいます。以前は6日の晩を「六日の年越し」といい、大晦日とおなじように過ごしました。6日の晩に、翌朝食べる七草粥に入れる7種類の野菜をきざむ風習は、いまでも全国に残っています。

この七草粥は、春のはじめに生える若菜を食べることで、1年の邪気を祓う行事です。古くから行なわれていた行事で、平安時代には、正月のはじめの子の日に野の若菜を摘んで羹とよばれる汁物として食べていました。それが粥として食べられるようになったのは室町時代です。「若菜」を入れることから、江戸時代には「若菜節」ともよばれ、一般の家庭に広まりました。

七草粥は、お正月中のごちそう続きやお酒で疲れた胃腸を休ませ、いつもの食生活に戻る区切りとしての効果もあります。

1 春の七草

7種の野菜（春の七草）をきざんで粥に入れます。野菜は買い置きがあっても、年を越したものは使わず、新しい年の若菜を使います。新暦では正月は真冬ですが、旧暦では現在の2月の立春のころにあたり、野に出て若菜を摘むことができました。（秋の七草は、83ページに）

- せり
- なずな（ぺんぺん草）
- ごぎょう（ハハコグサ）
- はこべら（ハコベ）
- ほとけのざ（コオニタビラコ）
- すずな（かぶ）
- すずしろ（大根）

2 七草囃子と七草たたき

七草をきざむときには「七草囃子」という唱え事をします。この七草囃子は土地によって多少異なりますが、「唐土の鳥が日本の国に渡らぬ先に」という部分は共通していることから、田畑に害をなす鳥を追い払うための「鳥追い」の行事と関係のあるものだということがわかります。

東京地方の七草囃子

七草なずな　唐土の鳥が
日本の国に渡らぬ先に　七草たたく
ストトントントン

●七草たたき

七草囃子を唱えながらなずなをたたき、順に1種類ずつ加えていき、そのつど七草囃子を唱えます。

山東京山著『五節供稚童講釈』（1831〈天保2〉年刊）より。

3 鬼車鳥

　七草囃子に出てくる「唐土から渡ってくるとされる鳥」は、頭が9つあり、子どもをさらうという中国の伝説上の妖鳥「鬼車鳥」だといわれています。子どもを亡くしたした女性の怨霊ともいわれ、姑獲という名前でもよばれています。

　正月7日にたくさんの鬼車鳥が渡ってくる、という伝説が江戸時代に広まり、さまざまな禁忌（タブー）が生まれました。たとえば鬼車鳥の血が着物にかかると子どもが病気になるので、7歳以下の子どもの着物を「夜干し」してはいけないというものがあります。

● 鬼車鳥の姿
『五節供稚童講釈』より。

4 七草爪

　正月7日は、新年になって初めて爪を切る日、切ってもよい日といわれています。唐土から渡ってくる鬼車鳥を除けるためにはじまったという説もあります。この鳥は、夜にも目が見え、人家の軒下をうかがって人の捨てた爪を食べに来ると信じられていたからです。

　そこで、七草粥に入れるなずなを少し取り分けて水に浸し、この水で爪をしめらせてから切ると、鬼車鳥が来ないといわれていました。「七草爪」「なずな爪」「菜爪」などとよばれていました。

● 鬼車鳥除けのための爪切り

5 七草粥のつくり方

　七草の日が近づくとスーパーや青果店に「春の七草セット」が売り出されます。七草粥用に少しずつ適量をまとめたものなのでとても便利です。ぜひ家庭でつくって、家族みんなで1年の無病息災を願ってください。

【材料（4人分）】
ご飯（冷たくても可）……300g（飯茶碗3杯分）
七草………せり、なずな、小松菜などの青菜少々
塩…………小さじ1と1/2
水…………5カップ

①ご飯を鍋に入れ、水5カップを加えて火にかけます。
②七草はきれいに洗い、塩少々を加えたたっぷりのお湯でさっとゆでて水にさらし、かたくしぼったら細かくきざんでおきます。
③①が沸騰したら火を弱めて、七草と塩を加え、軽く混ぜ合わせてできあがりです。

3 鏡開き

◆1月11日

　正月11日には、神棚や床の間から鏡餅を下げて、雑煮や汁粉にして食べます。年神さまへのお供え物を下げ、いただくことによって、1年の家族の健康と幸せを願う行事です。

　お供えしていたお餅ですから硬くなっています。そこで、木づちのような道具で割りますが、正月に「割る」「崩す」ということばは縁起が悪いので「鏡開き」とよんでいます。

　家庭でも園でも鏡餅が飾られます。現在では、真空パックされた切り餅が入った鏡餅セットを利用する家庭も増えてきました。カビや乾燥の心配がなく、とても便利な商品です。むかしながらの「鏡開き」のスタイルではなくなっても、行事に込められた意味はしっかり伝えていきたいものです。

1 鏡開きの由来

　武家社会の風習で、鎧やかぶとなどの具足（女性は鏡台）に供えた餅を雑煮などにして食べたことに由来します。鏡開きはもともとは正月20日におこなわれていましたが、徳川3代将軍家光が正月20日に亡くなったため、以降は11日におこなわれるようになったといわれています。
　鏡餅は細かく砕き、雑煮や汁粉にして食べます。

● 江戸時代の鏡餅割り

笹間良彦著『復元 江戸生活図鑑（柏書房）』より。

2 正月と節分

　旧暦の時代（1872［明治5］年12月2日まで）には、中国の暦法「二十四節気」を用いていました。二十四節気は、太陽が一番低い冬至から数えて1年365日を15日きざみに分ける区切りです。太陽の動きと完全に連動した暦なので季節の行事と月日が合っていました。

　旧暦では年末年始と節分・立春が近く、いまの立春、2月4日ごろが正月でした。節分は新年と春をもたらす正月行事だったのです。神戸市長田区長田町の長田神社でおこなわれる節分行事には、鏡餅を割る鬼が登場します。

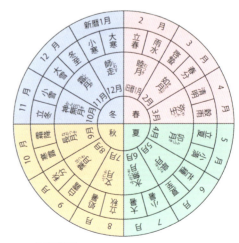

● 二十四節気

3 お汁粉のつくり方

【材料（4人分）】
小豆（乾燥）……………1カップ
水（ゆでこぼし用）…3カップ
水（ゆであげ用）……5カップ
砂糖………………………70～100g
塩……………………………少々

①小豆は水を2～3回替えてよく洗い、ざるにあげて水気をきる。
②鍋に小豆と水3カップ（ゆでこぼし用）を入れ、ふたをせずに強火にかける。
③あく抜きのため、湯が沸騰したら一度ざるにあげてゆで汁を捨てる。
④鍋に③の小豆を戻し入れ、水5カップ（ゆであげ用）を入れ、ふたをせずに中火にかける。
⑤④の小豆が湯の中で踊りはじめたら、火をごく弱火にし、紙ぶたをして豆が軟らかくなるまで煮る（沸騰後、40分程度）。
⑥小豆をひと粒取り出し、手でつぶしてみて軟らかくゆで上がっていたら、好みの甘さに調節しながら砂糖を加え、ときどきかき混ぜながら煮る。
⑦かくし味に塩を加えて混ぜ、汁がトロリとしてきたら、焼いた餅を入れてできあがり。

長田神社の鬼の鏡餅割り

　神戸市長田区長田町の長田神社でおこなわれる鬼の鏡餅割りは、毎年節分におこなわれる「古式追儺式」のクライマックスです。「追儺」は、「鬼遣い」「鬼追い」ともいい、古く天武天皇時代から毎年大晦日に宮中や社寺、民間でおこなわれてきた年中行事です。

　長田神社の追儺式には、鏡餅を割る「餅割鬼」を含め7匹の鬼が登場します。いずれも不幸や災いをもたらす不吉なものではなく、神々に代わってすべての災いを祓い清め、よい年を迎えるために祈り、踊る「福神としての鬼」です。

　餅割鬼は左手に斧、右手に松明をかざして登場し、反閉を踏みながら舞台を中央へ進みます。「反閉」は、足踏みの儀礼的所作で、その儀礼のおこなわれる土地の神さまに対する表敬行為です。祭りのクライマックスで「鬼の餅」という6段重ねふたつ並びの直径30cmほどの鏡餅を割るしぐさをします。1年12カ月を表すこの12個の餅は、古い時間を割って新しい時間に入れ替えようとするもの、または季節がめぐることをうながすものと解釈できます。もっとストレートに、年神へのお供えを割って神霊を分割するありさまを演じているとも考えられます。

●餅割鬼の登場　　写真提供：前田弘志氏

●鏡餅割り

4 小正月

◆1月13日〜15日

　正月にはたくさんの行事があります。大きく分けると、元日を中心とした祝いの行事と、15日を中心におこなう行事のふたつで、前者を「大正月」、後者を「小正月」といっています。「大・小」というのは、大きい、小さいということではなく、「大」は「公」、「小」は「私・民間」という意味です。

　公の正月がすでにあったのに、あとから民間の正月を決めたということではありません。民間の正月である小正月行事の歴史は古く、その内容は多様です。地域による違いもありますが、全国的に見ると、①農業・生産の予祝（前祝い）、②厄除け、③神霊の訪問、④火祭り、の4つに分けられます。稲作・畑作と関係のあるものが大部分です。小正月は、私たちの祖先が大切にしてきた3日間なのです。

1 繭玉

　小正月には「繭玉」という飾り物をつくります。栃、榎、水木などの木の枝に、繭の形の餅や団子をたくさんつけたものです。ゆたかな実りのさまをあらかじめ表すことによって、「今年もかくあれかし」と祈ります。飾りの餅や団子は1月20日に食べます。この日がお正月の終了日とされています。

浅草の浅草寺や亀戸天満宮（江東区亀戸）では、新年の縁起物として装飾化した繭玉が売られています。

2 小豆粥

　14日か15日に「小豆粥」を食べる習慣は全国的に見られます。古くは「望粥」「望の粥」といわれ、平安時代に書かれた『枕草子』や『土佐日記』に、15日に望粥を食べることが記録されています。伝統的な行事食です。

　粥が行事食というのは、なにか粗末な気がしますが、もともと、粥は祭りのあとの「解斎」の食べ物でした。解斎というのは、物忌みやお籠りを解き、日常生活に戻ることです。小正月の小豆粥は、大正月に年神とともに祝う雑煮にあたります。

小豆を米に混ぜて炊くと色がつくため、「染粥」「桜粥」ともよばれています。

3 小豆粥のつくり方

【材料（4人分）】
米……………………1カップ
小豆（乾燥）……1/4カップ
水……………………7カップ
塩……………………少々

①小豆は水を2〜3回替えてよく洗い、小鍋に入れてひたひたの水を加え、強火にかける。沸騰したらそのまま2分間ゆで続け、あく抜きのため、一度ざるにあげてゆで汁を捨てる。

②鍋に①の小豆を戻し入れ、水2カップを入れて火にかける。煮立ったら弱火にし、差し水をしながら少し芯が残る程度にゆで（沸騰後、70〜90分）、ざるにあげる。ゆで汁はとっておく。

③米をとぎ、ざるにあげておく。

④②のゆで汁と水を合わせて7カップにし、鍋に入れる。冷めたら③の米を入れ、30〜60分おいておく。

⑤④の鍋に塩と②の小豆を入れて軽く混ぜ、強火にかける。ふきこぼれそうになったら弱火に落とし、ふたをずらして炊く（35〜45分）。途中、2回ほど木ベラで鍋の底をざっくり混ぜる。

⑥炊き上がったら、ふたをして約5分蒸らしてできあがり。

4 成り木ぜめ

実をつける木に対して、たくさん実をつけるように約束させる呪術的な行事です。

ひとりが斧を木の根元にあてて「よい実がならねば切るぞ」といいます。すると木の横で小豆粥の椀をもったもうひとりが「なります、なります」などと問答します。成り木ぜめに使われるのは、多くのばあい、柿の木です。

民話の里として知られる遠野地方では、現在も1月15日に子どもたちによっておこなわれる行事として伝承されています。

宮本常一著『ふるさとの生活』（講談社学術文庫）より。

●山口県大島郡の成り木ぜめ（昭和10年代）
小豆粥を柿の木に注ぎかけ「なれなれ柿の木」という「木呪い」の唱え言をしたあとで、斧やナタで木にきざみ目を入れ、小豆粥の汁を注ぎます。

5 さるかに合戦と「成り木ぜめ」

よく知られている「さるかに合戦」に「成り木ぜめ」が出てきます。「はよう芽を出せ柿のたね、出さぬと……」というかにのセリフは「成り木ぜめ」の行事となんらかの関係があるでしょう。

「さるかに合戦」の話にはいくつものタイプがありますが、もともとは、さるとかにが共同で田畑を耕す（寄合田）、または共同で餅をつく（寄合餅）ときに、さるは少しも働かず、そのくせ米がとれるとやってくる、あるいはひとりじめしようとする、といった内容で、共同労働の非協力者をこらしめる話です。

はよう大きくなれ
柿の木よ
さもなきゃ
はさみで
ちょん切るぞ

はよう芽を出せ
柿のたね
出さぬと
はさみで
ほじくるぞ

はよう芽を出せ柿のたね、出さぬと……

6 鳥追い、もぐら追い

小正月に全国各地でおこなわれていた厄除けのための呪術的な行事です。田畑に悪さをする鳥ともぐらを、村の境の守り神がまつられているところまで追い払います。家ごとにおこなうものと、村の行事として、主に子どもたちによっておこなわれるものとがありました。

●越後（いまの新潟県）の鳥追い櫓
雪を盛り上げて櫓を築き、中に子どもたちが籠ってみんなで一緒に食べ物を食べたり、鳥追い唄を歌ったりしました。

池内紀現代語訳『北越雪譜』（小学館）より。

7 かまくら

雪の多い地方では、鳥追い小屋を雪でつくります。秋田県ではこれを「かまくら」といい、新潟県では「雪ン堂」とよばれていました。

かまくらは、いまでも小正月の伝統行事として残っています。子どもたちがむしろや毛布を敷いた上に座り、お餅を焼いたり、甘酒を飲んだり、鳥追い唄を歌ったりして遊びます。

●雪ン堂

池内紀現代語訳『北越雪譜』（小学館）より。

8 横手のかまくら

かまくらでもっとも有名なのは、秋田県横手地方です。400年の伝統を誇る横手地方の「かまくら」は、水神さまをまつる行事で、いまでも月遅れの小正月（2月15日前後）におこなわれています。

中には子どもたちが入っていて、お餅を焼いたり、甘酒を用意したりしています。中に入って水神さまを拝み、お賽銭を置いた人にはお餅や甘酒がふるまわれます。

長野県下水内郡栄村の鳥追い行事

長野市にある八十二文化財団が制作した記録ビデオ「奥信濃の小正月〜栄村に残る北越雪譜*の世界」(1990[平成2]年)から、子どもたちが中心になっておこなう「鳥追い」と「もぐら追い」を紹介しましょう。

*『北越雪譜』鈴木牧之著、1837(天保8)年刊。雪国の生活、産業、奇談を集めた江戸時代後期の随筆集。牧之は越後の縮商人で家業のあいまに学問や風流事に親しんだ。

●栄村の位置

■栄村の道祖神

長野県下水内郡栄村は、日本有数の豪雪地です。1945(昭和20)年には、積雪7m85cmを記録しています。

栄村では、正月の松飾りやしめ縄を焼く行事を「松焼き」とよび、松焼きを中心とした一連の小正月行事を「道陸神祭り」とよんでいます。道陸神というのは、村境や峠、辻、橋のたもとなどにまつられ、村の中に邪悪なものが入ってこないように防ぐとともに、旅人を守るといわれる神さまで、「塞の神」「道祖神」ともよばれます。

■もぐらをおどす・害鳥を追い払う

正月14日の夜、栄村白鳥地区の子どもたちが集会所に集まり、雪の夜歩きに備えて甘酒でからだを温めます。どの子も帽子やヤッケ、手袋を身に着けています。足下は、厚手のくつ下に長靴。4〜5歳くらいの幼い子もいます。

甘酒でからだを温めたら、いよいよ出発です。先頭に立つのは一番年上の少年です。この少年がほら貝を吹き鳴らす後ろに従い、一列になって歌いながら歩きます。何人かは藁をたたく木槌にひもを付けて引き歩いています。これは「横槌」といって、もぐらをおどすためのものです。

子どもたちはもぐら追いの唄を歌います。

♪もぐらもちゃ　どけぇいった
　よごづちゃきたぞ　おこせばどやす

「もぐらが畑の土をおこして頭を出したらたたくぞ」という、害獣へのお仕置きの呪言です。
続いて今度は害鳥を追います。

♪じろうどんのとりか　たろうどんのとりか
　しっぽ切って　かしら切って
　たわらにつめて　佐渡島へホーイ　ホーイ
　佐渡島席がなきゃ　鬼ヶ島へホーイ　ホイ

こちらは鬼ヶ島という異界を追放先としていい立てることによって、害鳥を除こうとする呪言になっています。

■大事な村の行事に参加する

こうやって家々をまわりながら村の境まで歌い歩いた子どもたちには、みかんや餅、菓子がふるまわれます。しかし、なによりのご褒美は、雪の夜道を全行程歩き通し、村の大事な祭りに参加して責任を果たしたという達成感でしょう。このような地域共同体への参加の実感を子どもたちに与えたいものです。

●長野県北安曇郡松川村の道祖神

●鳥追い、もぐら追いの行列

9 どんど焼き

14日の晩か15日の朝、正月の松飾りやしめ縄を焼く「火祭り」「松送り」行事があります。全国的におこなわれるこの行事は、地方によって「どんど焼き」「とんど焼き」「松焼き」などとよび方が異なります。この火に乗って正月の神さまがあの世に帰るといわれています。また、この火にあたると一年中風邪をひかないといわれています。

どんど焼きは、昭和30年代まで各地でおこなわれていましたが、いまでは市や町が主催して観光事業化しているところもあります。

宮本常一著『ふるさとの生活』(講談社学術文庫)より。

●昭和10年代、長野県東筑摩郡のどんど焼きのための小屋

松飾りでつくった小屋を焼きます。

10 吉書揚

大きなどんど焼きをおこなう地域では、さおの先に付けられた「書き初め」がいくつも掲げられます。これは「吉書揚」といい、どんどの火で燃やし、燃え残りが高く上がると習字が上達するといわれています。

東京では台東区の鳥越神社で見ることができます。神奈川県では、大磯町の海岸でおこなわれるものが規模も大きく有名です。そのほか、地域の神社でもおこなっているところがあります。1月に入ると町内の掲示板・町内報などに予定が載りますので見落とさないようにしましょう。

柳田国男監修『民俗学辞典』(東京堂)より。

●昭和10年代、長野県東筑摩郡の吉書揚

書き初めをさおの先に付けて燃やします。

11 なまはげ

東北地方の正月行事を代表する行事です。よび方は地方によって少し異なりますが、どの地方でも「なもみをはぐ」という意味の名前がついています。「なもみ」とは、火にあたるとできる肌のあざのことで、「冬に炉端のそばにばかりいる怠け者をはぐ」という意味です。

秋田県男鹿半島のなまはげは、規模も大きく、国の重要無形民俗文化財に指定されています。もとは小正月の行事でしたが、いまでは大晦日の晩におこなわれるようになりました。

恐ろしい形相の面をつけ、蓑をまとい、大きな藁ぐつをはいたなまはげが、手に木製の大きな包丁と手桶をもち、家々をまわります。

12 なまはげの迎え方

ウォー、ウォー
悪い子はいねか〜
泣く子はいねか〜
袋さ入れて連れて
いくぞ〜

なまはげは、大声をあげながら、家中子どもを探しまわります。幼い子どもはお母さんにしがみついて泣きわめき、大騒ぎします。

子どもの大騒ぎをよそに、一家の主人はお酒や餅でなまはげをもてなし、どこから来たのか、名前はなんというか、新しい年の農作物のでき具合はどうか、などの問答をおこないます。これは、なまはげがこの地に暮らす人びとにとって、自分たちを見守ってくれる神さまだからです。

むかし話「男鹿のなまはげ」

■中国から来た鬼

なまはげは、「お山」とよばれる男鹿三山（本山、真山、毛無山）の神さまです。なまはげが神さまになったのは2000年以上もむかし、中国で漢という国が栄えていた時代でした。漢の王さま武帝は、海の向こうの男鹿半島に不老不死の薬があると知り、親鬼2匹と小鬼3匹の5匹の鬼を連れて男鹿半島の一番高い山にやってきました。しかし、不老不死の薬はいくら探しても見つからず、鬼たちもだんだんいやになってきました。

■村に下りた鬼

そこで武帝は男鹿半島を切り開いて田畑をつくり、神さまをまつるお堂やだれもが学べる学問所をつくる計画を立てます。鬼たちは喜んで働きましたが、疲れ果てた親鬼2匹が死んでしまうと、残された3匹の小鬼は悲しみから働けなくなりました。武帝は、村人たちと遊べば気が晴れるだろうと思い、小鬼に山を下りることを許します。

しかし、駆け下りてきた小鬼を見て村人たちは逃げまわりました。小鬼は友だちになれないのが悲しくて暴れまわるようになります。

■999段の石段

困った村人は、小鬼と、一夜のうちに神社に行く1000段の石段をつくることができるかどうか賭けをしました。小鬼は一生懸命石段をつくりましたが、999段目で一番鶏が朝を告げました。小鬼は山へ去っていきました。村には静かな生活が戻りましたが、村人たちはだんだん元気がなくなってきました。あの一番鶏、実は村一番の物まね上手の鳴きまねだったのです。

■神さまになった鬼

鬼は約束を守ったのに、おれたちはだましてしまった。田んぼも畑も学問所もあの鬼たちがつくってくれたものなのに。彼らはほんとは神さまだったのかもしれない……。

こうして3匹の小鬼は、自分たちがつくった石段の上に建つ「五社堂」にまつられました。そしていつのころからか、大晦日や小正月になると、鬼の姿をまねた若者が、「なまはげ」になって家々を一軒一軒まわるようになったのです。

●男鹿半島

●999段の石段

5 節分

◆立春の前日

　もっとも寒いころの代表的な行事が節分です。節分のもともとの意味は、文字通り季節を分ける日のことで、立春・立夏・立秋・立冬の前日をいいました。旧暦では立春と正月がごく近かったため（立春が元日のこともあった）、春の節分が代表的行事となりました。この日の夜、春をもたらす神さまを迎えて農作業の無事と稲のゆたかな実りを祈願し、その後、神さまを送り出します。

　豆まきの豆は訪れる神さまへのお供え物です。お盆に施餓鬼供養をすることからもわかるように、神さまが訪れるときには悪さをする者も一緒にやってくると考えられていました。そういう悪しき者たちを神送りのときに神さまに連れていってもらおう、ということから鬼追いや厄落としが行なわれるようになりました。

1 鬼追い行事の起源

　宮中では、追儺という鬼追い行事が行なわれていました。追儺では、黄金の4つ目の仮面を付けた方相氏（写真右奥）と呼ばれる役の者が中心となって、親王以下群臣が桃の枝の弓で葦の矢を空に放ち、目に見えない悪霊を追い払いました。

　ところが、方相氏の異様な姿は、本来追っていたはずの無形の鬼の存在を忘れさせ、次第に方相氏自身が鬼として追われるようになりました。これが寺社の行事に採り入れられ、季節の変わり目の鬼追い行事として知られるようになりました。

● 平安神宮の「大儺の儀」　　写真提供：京都旅屋

2 柊と鰯

　公的な場所での鬼追いに対して、各家々でする鬼追いがあります。鰯を焼いて食べたあと、頭を柊の小枝に刺して、軒下や戸口に挿します。魚のにおいで魔を祓うわけです。

　地方によってはこれを「ヤイカガシ（焼き嗅がし→焼い嗅がし）」といい、石垣や畑に挿して、農作物の害となる虫を追い払いました。農業を中心とした暮らしの中から必然的に生まれた風習であることがよくわかります。1000年以上前の紀貫之の『土佐日記』には、鰯と柊の組み合わせが出てきます。

3 厄年

　厄年は災難にあいやすい年齢とされています。その1年、いつにもまして、健康や行動に気をつけて、病気や事故にあわないようにするための戒めです。地方によって、厄年の過ごし方や、厄払いの方法がいろいろあります。

●厄年

成年男性	25、42、61歳
女　性	19、33、37歳
子ども	7、13歳

●門付

　江戸時代、京や大坂、江戸の大都市には節分の夜の厄払いを商売とする人たちがいました。こういった仕事と、仕事に携わる人たちを門付といいます。門付に厄払いを頼むには、歳の数だけ豆を拾って白紙に包み、銭を添えて与えます。厄払いは、役者なら役者の名、魚なら魚の名を並べたてる「つらね」を唱えました。最後に「厄は西の海へさらり」と結びます。

『人倫訓蒙図彙』（1690（元禄3）年刊）より

4 厄落とし

●京都壬生寺の焙烙

　境内で焙烙を買って、「祈無 病 息災　申歳生まれの男」などと願い事を書いて奉納し、祈祷します。この焙烙が、4月におこなわれる壬生狂言の演目「焙烙割」の中で舞台から落とされ、割られることで厄が祓われます。

写真提供：吉田神社

●京都吉田神社の厄塚

　壬生寺とおなじく節分の厄除け参りで有名です。自分の干支、年齢を書いた紙に厄豆を包んで、境内の厄塚に投げ入れます。真夜中に火をかけて燃やされます。

5 豆まき

煎った大豆を枡に盛り、三方へのせます。神棚や仏壇があればまず供え、「鬼は外」と2回、「福は内」と3回、家の一番奥から部屋ごとに豆をまきます。

アドバイス

　家の行事は、準備の段階から親と子で一緒におこなうことが大事です。豆まきの豆は、子どもたちに煎るところから体験させましょう。フライパンで煎るのもいいのですが、できれば伝統的な焙烙を使いたいものです。焙烙は皿状の土器で、スーパーや瀬戸物店で買えます。

　また、最近では食卓で頭の付いた魚を見たことがないという子どもが多いそうです。鰯は、安く、おいしく、栄養価に富む魚です。この機会に骨付の魚の食べ方を教え、食後に、親子で一緒に柊の小枝（割り箸や竹串でも代用できます）と鰯で厄除けの飾りをつくってみましょう。

6 事始めと事納め ◆2月8日 ◆12月8日

2月8日、東京都台東区浅草の浅草寺淡島堂には、針を用いる仕事に携わる人びとがたくさん集まります。「針供養」といって、1年分の折れたり曲がったりして使えなくなった針を、捨てずにとっておき、淡島明神に納める祭りがおこなわれます。

針供養のおこなわれる日は「事納め」ともよばれています。この日をめどに正月の行事を終えるという意味です。これに対して12月8日を正月の準備をはじめる前の物忌みの日「事始め」とし、ふたつを合わせて「事八日」とよんでいます。ところが西日本では12月8日を事納め、2月8日を事始めとしています。

いずれにしても、この日は夕方早く帰宅して静かに過ごすべき忌み日だとされています。

1 針供養

使えなくなったからといって粗末にせず、これまでの労をねぎらうという考え方が、人形供養や筆塚、包丁塚、そしてこの針供養などの風習を生み出し、受け継がれてきました。その根底には、自然界、人間界にあるものにはすべて魂が宿るという思想「アニミズム」があります。現代でもこういう思想は失われることなく、むしろ強くなってきているようです。

裁縫のプロである仕立屋、足袋屋から、鍼灸師、畳屋、入れ墨師まで、多彩な職業の人たちが集まり、神前に置いてある大きな豆腐に持参した古針を刺します。

2 厄払いの笊籠

江戸時代、この日に笊や籠をさおの先に結んで屋上に高く掲げる風習が流行しました。

小野武雄著『江戸の歳事風俗誌』（講談社学術文庫）より。

この日は、1つ目の鬼がやってくるので、目の数の多いものを出して、鬼を追い返そうというわけです。

3 目籠(めかご)

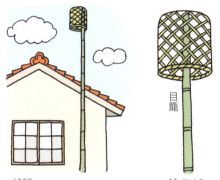

埼玉県熊谷市の周辺などでは、目籠の中に餅と柊を入れて鬼除けとするところもあります。

埼玉県の北部(秩父、熊谷地方)では、ねぎやぐみの木、槐の実など、においの強いものや焼くとはぜて音の出るものを家の中で焚く風習があります。

4 お事汁(おことじる)

事始めと事納めの行事食に「お事汁」があります。「お事煮」ともいいます。味噌味で、けんちん汁の味噌仕立てといったところでしょうか。食べるだけでなく、針箱・裁縫道具にお供えします。

● お事汁の具材

事始め、事納めの「事」はなんのこと?

「コト」は、行事・祭事・斎事(いわいごと)を意味することばです。正式・公的な「祭り」に対して、正月を除く家ごとの神事、親戚・親族のハレの日、また、村よりも小さな里ごとの祭りのある日を「コト」といっています。

「コト」とよばれる行事は「事八日」のほかにもたくさんあります。3月15日の「梅若事(梅若忌。梅若は京の貴族の子。人買いにだまされて東国(江戸)に下り、隅田川のほとりで死んだと伝えられます。梅若忌はその供養のための水神祭)」、2月から5月にかけての各種の「春事」「さなぶりごと」、秋の「あえのこと」など、多くは稲作の実作業に沿っておこなわれる生産儀礼です。このばあい、「コト」は田の神をまつる1年間の各行事で、事始めはそのスタートとなります。

一方、12月8日を事始め、2月8日を事納めとする風習は、「コト」を、正月を中心とする神祭りとするものですから、「コト」がかなり限定されています。生産と直接関係のない都市生活では、正月の事始めが大きな意味をもっていました。祭りのサイクルを2カ月とするのも、都市生活のリズムにかなっていたのです。

7 バレンタインデー ◆2月14日

　3世紀、ローマのキリスト教司祭だった聖バレンタインの名前がついた日です。当時のローマ皇帝は、若者たちが戦争に参加しないことに困っていました。皇帝は、若者たちが愛する家族や恋人と離れるのをいやがって戦争に行かないのだと考えて、結婚を禁止してしまいました。その様子を見かねて、内緒で結婚させていたのがバレンタインでした。

　しかしこのことが皇帝の耳に入り、バレンタインは罪に問われます。キリスト教は当時のローマでは迫害されていたため、バレンタインはローマの宗教への改宗をせまられます。これを拒んだバレンタインは投獄され、270年2月14日に処刑されました。この日を記念して、恋人たちが贈り物やカードを交換したのがバレンタインデーのはじまりです。

1 欧米と日本のバレンタインデー

ヨーロッパやアメリカでは、恋人同士がカードやプレゼントを交換する日として知られています。

日本ではとくに、女の子から好きな男の子にお菓子やカードを贈る日とされています。

2 チョコレートのプレゼント

〈ヨーロッパやアメリカ〉　〈日本〉

チョコレートを贈るのは日本特有の習慣です。1958（昭和33）年に東京のデパートで開かれたバレンタイン・セールで、チョコレート会社がおこなったキャンペーンがはじまりだそうです。

チョコレートでプレゼントをつくりましょう。

3 バレンタインカードのはじまり

投獄された聖バレンタインは、目の不自由な娘のために祈っていました。するとその娘の目が奇跡的に見えるようになったといいます。聖バレンタインは死ぬ前に「あなたのバレンタインより」と書いた手紙をこの娘に残しました。

そのいい伝えがいつの間にか、2月14日に恋人たちが手紙を出す習慣になり、それがカードの交換に変わっていきました。

4 親しみを込めて贈り物

バレンタインデーは、思いを寄せている人に愛を告白する日としてだけでなく、日ごろお世話になっているお父さん、いつも仲よく遊んでいるお友だちなどに、感謝や親しみの気持ちを伝える日としても一般的になってきました。

5 ホワイトデー（3月14日）

3月14日は、バレンタインデーに贈り物をもらった人が、お返しをする日です。日本では、全国飴菓子工業共同組合が「ホワイトデー」と定めて1980年（昭和55）からはじまりました。当初はキャンディーの販売促進のために、「キャンディーの日」にしようという意見もありましたが、「ホワイトは純潔のシンボル、さわやかな愛にぴったり」として、ホワイトデーという日本固有の名前になりました。

8 初午

◆2月初めの午の日

「初午」は、2月初めの午の日におこなわれるお稲荷さん（稲荷社）のお祭りです。京都の伏見稲荷神社（全国の稲荷社の総社）の神さまが降臨したとされる日（2月9日）が2月の初めの午の日だったことに由来します。神さまが降臨した場所に稲が生えたことから、「稲生り」→「稲荷」になったといわれています。

東京には多くのお稲荷さんがあります。幕府のおひざ元として発展する以前の江戸は農村でした。村々には地主神（産土神）がおり、多くは強い力をもつと考えられていた稲荷神でした。そのため、寺社地や屋敷地を造成する際にそのまま寺社の境内社・屋敷神としてまつったのです。こうして、江戸の稲荷神社は町内の勧請社や武家屋敷の鎮守社、商人の守護社などとして、信仰の内容も多彩になっていきました。

1 火防せ、雨ごい、豊作

東京都北区の王子稲荷は、火事除け、雨ごい、豊作祈願で有名です。火事の多かった江戸時代から庶民に親しまれてきました。関八州（相模・武蔵・上総・下総・常陸・安房・上野・下野）とよばれる関東8カ国のお稲荷さんの総社です。

毎年初午には境内で凧市が開かれます。「凧は風を切る」火事除けの縁起物として、いまなお市のにぎわいを見せています。

●火防せ奴凧
初午には「狐火絵馬」や「火防せの奴凧」が売られます。

2 「あたりもの」が皆中

皆中稲荷神社のある東京都新宿区百人町は、江戸時代幕府を警護する鉄砲隊の屋敷があった場所です。「皆の鉄砲がよく当たるように」と祈願したことが、社名の由来といわれています。

●的中守り

●叶絵馬

3 商売繁盛、金運上昇

●神さまのお金
お札を財布に入れておくとお金に困らないそうです。ただし、1年後に前の年とおなじ額を奉納するのが決まりだといいます。

4 家運繁栄、旅行安全

東京都大田区羽田にある穴守稲荷神社は、家運繁栄と旅行安全にご利益があるとされるお稲荷さんです。戦前まで、いまの羽田空港のターミナルビルの前あたりにありましたが、戦後、米軍による飛行場の拡張計画を受けて撤去されてしまいました。ところが、その撤去工事の間に死人やケガ人が出る事故が起き、祟りではないかといううわさが広まったため、氏子たちが寄進して現在の所在地に建てられました。

鳥居が朱色で、左右一対の狐がお社をお守りしています。これがどこのお稲荷さんにも共通する特徴です。

5 就職祈願

東京都台東区浅草にある被官稲荷神社は、就職祈願に訪れる人が多い神社です。「ひ」を「し」と発音する江戸っ子が「被官」を「士官」と読んだことが就職祈願をするようになった理由といわれています。「士官」は、武士が就職するという意味です。

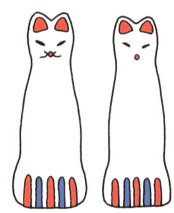

●お姿
被官稲荷神社のお守りの狐。

6 初午の行事食「しもつかれ」

この日のお供えと食べ物は、赤飯、焼き豆腐、いも、こんにゃくなどの煮物で、神前へはこのほかに酒と油揚げを添えるのが関東の定番です。

おなじ関東でも、栃木を中心に、福島、群馬、茨城、埼玉の一部地域には「しもつかれ」という期日限定の郷土食が伝承されています。

【材料】
正月の残りの新巻鮭の頭、節分の豆の残りの大豆、大根、にんじん、油揚げ、酒粕、酢、塩、しょう油

【つくり方】
①鮭の頭を小さく切ります。大豆は炒り、油揚げは湯通しして短冊切りにします。大根、にんじんは「鬼おろし」ですりおろします。
②鍋に鮭と水、酢を入れ、火にかけます。浮いてきたあくをとり、おろした大根、にんじんを加えます。1時間半ほど煮たあと、最後に酒粕を加えて、塩・しょう油で味を整えてできあがり。

●鬼おろし
竹製の目の粗い大根おろし器。目が粗いので大根が水っぽくなりません。「初午おろし」ともいいます。

9 ひな祭り

◆3月3日

「ひな祭り」は、女の子の健康と幸福を願い、女の子の夢を育てる大切な日です。

この日に飾るひな人形は、もともと、玩具ではなく、災いや穢れを負わせて流す「人形」「形代」という祭具でした。いまでも鳥取県の用瀬や神奈川県の厚木、和歌山県の加太でおこなわれる「流し雛」は全国的に有名です。

これらの流し雛は「淡島さま」に流れ着くように流すといわれています。淡島さまは、和歌山市の加太神社にある淡島明神のことで、出産や安産の神として女性の信仰の対象となっています。淡島明神は、病気になったために夫の住吉明神に嫌われ、3月3日に加太の淡島の海岸に流されてしまいます。このことから淡島明神は、世の中の女性を守る神さまになったといわれています。

1 ひな人形の飾り方

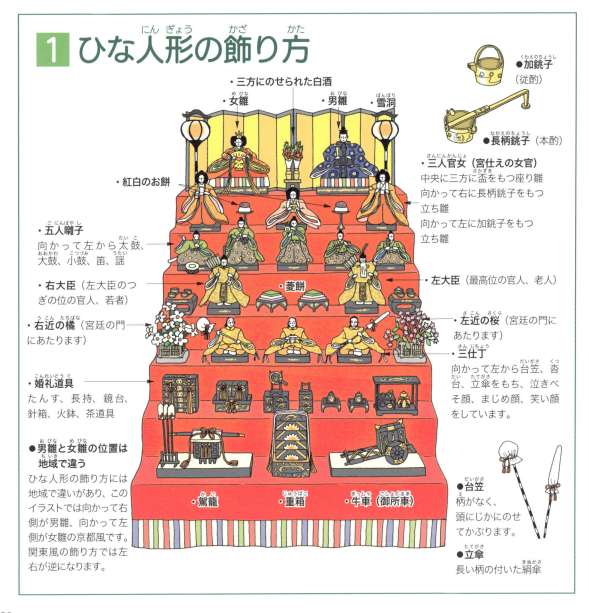

2 流し雛

災いや穢れを雛に託して祓うという「流し雛」が、残っている地方があります。

以前は嫁入り道具のひとつにひな人形を持参する風習がありました。これは、ひな人形が、結婚の成立と出産、安産を約束してくれる形代であることを示しています。

3 ひな祭りの行事食　五目ちらし寿司

【寿司飯の材料（4人分）】
お米………3カップ
水…………2と3/4カップ
合わせ酢…米酢70cc、砂糖大さじ1と1/2、塩小さじ1と1/2、昆布5cm

【寿司飯のつくり方】
①お米を硬めに炊きます。
②炊き上がったご飯をざるにあげて合わせ酢をまわしかけ、切るように混ぜ合わせます。混ぜ合わせたら、うちわであおぎ、ぬれ布巾をかけておきます。
③混ぜる回数が少ないほどおいしくできます。ご飯は熱いうちに酢飯にしましょう。

【具材の材料】
錦糸卵…卵2個、砂糖大さじ1、塩少々、干ししいたけ…6枚、かんぴょう…20cm（しいたけの戻し汁1カップ、しょう油大さじ2、砂糖小さじ1、みりん大さじ1）、にんじん…70g（酢大さじ2、砂糖大さじ1、塩小さじ1/3、お酒大さじ1）れんこん…70g、さやえんどう…適量、デンブ…適量、のり…適量、紅生姜…適量

【具材のつくり方】
①錦糸卵は薄く焼き、千切りにします。
②かんぴょうは水で戻して下ゆでし、約1cmに切ります。干ししいたけは水で戻して細切りにし、調味液で煮含めます。
③れんこん半分はいちょう切り、残りは薄切りにして酢水にさらします。にんじんは千切りにし、調味液で煮ます。しいたけ、かんぴょう、にんじん、れんこんは飾り用を少し残しておきます。
④さやえんどうは塩ゆでし、千切りにします。

【仕上げ】
まだ少し温かい酢飯に飾り以外の具材を加え、混ぜ合わせて器に盛ります。その上に飾り用の具材を美しく飾り付けます。

3 おひなさまへのお供え物

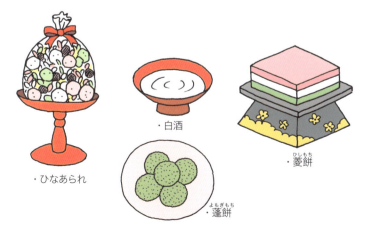

・ひなあられ
・白酒
・蓬餅
・菱餅
・はまぐり
貝の2枚の殻は、ほかの貝とは決して合わないことから、夫婦の相性のよさを意味する縁起物とされています。

10 お彼岸

◆春の彼岸（春分の日）
◆秋の彼岸（秋分の日）

お彼岸は、春と秋の2回あります。それぞれ春分の日（3月20日ごろ）と秋分の日（9月23日ごろ）を「彼岸の中日」として、その前後3日間、合わせて7日間を彼岸としています。お墓参りをしたり、お坊さんにお経をあげてもらって先祖を供養します。初日を「彼岸の入り」、終日を「彼岸の明け」といいます。

「彼岸」の語源は、インドの古語であるサンスクリット語の「パーラミター（波羅密多）」で、「彼方の岸に到る」という意味です。この彼方の岸というのが彼岸のことです。彼岸で、迷いや欲が一切消え、とらわれのない完全な世界、つまり悟りの境地が実現するといわれています。

迷いの「此岸」（この世）に対する悟りの「彼岸」が、いつしか死者の供養と結びつけられ、夏のお盆と並んで先祖の霊を慰める日となりました。

1 春分と秋分

春分の日と秋分の日は「昼夜平分」といって、昼と夜の長さがおなじです。この日は太陽が真東から出て、真西に沈む日です。仏教の信仰が厚ければ、日没の方向に極楽浄土の姿が見えるといわれています。「暑さ寒さも彼岸まで」ということわざがあります。

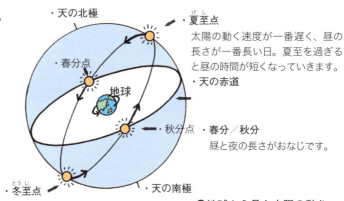

● 地球から見た太陽の動き
太陽が天の赤道の南から北に移る点を「春分点」、北から南へ移る点を「秋分点」といいます。

夏至点　太陽の動く速度が一番遅く、昼の長さが一番長い日。夏至を過ぎると昼の時間が短くなっていきます。

春分／秋分　昼と夜の長さがおなじです。

冬至点　太陽の動く速度が一番速く、昼の長さが一番短い日。冬至を過ぎると昼の時間が長くなっていきます。

2 彼岸会

彼岸から、時を定めて死者や先祖の霊がこの世を訪れ、生者と交流する催しを「彼岸会」とよびます。

「会」というのは、仏教上の行事や祭りのための人びとの集まりという意味です。お寺ではお彼岸の期間に彼岸会の法要がおこなわれます。

● 彼岸会の法要

③ お墓参り

とくに決まった作法はありませんが、祖先の眠る聖域ですから、一定の礼儀や静粛さが必要です。

大きな声で話したり、ふざけ合ったり、走ったりしてはいけません。

・お供え用の花　・線香　・マッチ
・数珠　・お供え

お墓を掃除するためのほうき、たわし、雑巾も持参しましょう。

④ お墓の掃除と礼拝の方法

お墓の掃除は、お墓参りの前にすませるべきですが、お墓参りのときにおこなうことが多くなっています。
雑草や落ち葉を取り除き、捨て場へもっていきます。墓石が汚れているばあいは濡れた雑巾でこすり、水で流します。

掃除がすんだら、ひしゃくで墓石に水をかけ、花立てに花を生けます。供え物をお供えし、火をつけた線香を供えて礼拝します。食べ物はもち帰る規則になっているところが多いようです。

⑤ ぼた餅

ぼた餅を仏壇にお供えします。ぼた餅はもともと「かいもち（掻餅）」といって、春（春分の日）には豊作を祈り、秋（秋分の日）には収穫を感謝して神さま（田の神、太陽神）に捧げたものでした。

この風習に仏教の彼岸の行事が重なって、しだいに彼岸の食べ物となり、インドのことば「bhukta（ブッダ＝飯の意味）」が「ぼた」となり、「mridu（ムチ＝やわらかいの意味）」が「もち」となって、「ぼた餅」の名が定着しました。

ぼた餅は秋のお彼岸には、「おはぎ」とその名前を変えて呼ぶ地域もあります。

●一般のぼた餅
楕円形のもち米の握り飯に餡をまぶしたものです。

●ずんだ餅
お餅にそら豆をすりつぶした餡をからめて食べます。

●その他
もち米を炊いたご飯に餡をのせたもの（栃木）、白飯を握って小豆のぜんざいの汁をかけて食べるもの（長崎・対馬）など、郷土色に富んでいます。

●たんぽ餅、きりたんぽ
白飯をすりこぎで練りつぶし、竹輪形に握って味噌をつけて焼きます。

●御幣餅
たんぽ餅とおなじつくり方ですが、木の葉の形をしています。

11 お花見 ◆3月下旬～5月上旬

花見は日本独特の風習です。では、桜が日本の特産かといえば、そんなことはありません。ヨーロッパにも、中国にも、インドにも桜はあります。しかし、これらの地域では、桜の花をとくべつ観賞する風習はありません。くだものとしてのさくらんぼを収穫する木と考えられています。

もうひとつ不思議なことは、お花見といえば、なぜ桜だけがもてはやされるのかです。桜とおなじようにきれいな花がたくさんあるにもかかわらず、なぜ桜だけを別格の花として「花見」をするのでしょうか？

民俗学の研究者はその理由を、花見はかつて集落全体が共同でおこなう農耕儀式で、桜の花の咲き具合でその年の農作物のでき具合を占なったと説明しています。

1 お花見の起源

お花見は、農繁期を迎える前に野山に出かけて過ごす「山遊び」の行事であるとともに、桜の花の開き具合によって農作物のでき具合を占い、豊作を祈る行事でした。

ゆたかな実りを期待して共同体の構成員全員であらかじめ祝っておく「予祝の儀礼」と考えられていました。

現在のお花見は、家族団らんの機会にもなっています。

2 桜の種類

桜はバラ科サクラ属の樹木の総称で、その種類は300種以上あります。

●染井吉野
桜といえば染井吉野に象徴されます。

●山桜
野生の桜の代表で、新葉とともに開花します。

●しだれ桜
とてもはなやかな花が咲きます。

●寒緋桜
早春からつりがね形の花が咲きます（緋寒桜ともいう）。

●大島桜
葉の香りがよいので桜もちの葉に使われます。

3 桜と招福

『古事記』に登場する、木花之佐久夜毘売命を、父神オオヤマツミはニニギノミコトに「木の花の栄ゆるがごと栄えまさむ（桜〔春〕が稔りを約束するように、この娘はきっとあなたの命を盛んにするでしょう）」といって嫁がせました。招福・豊穣の象徴として桜が意識されていたのです。

●富士山神札に描かれた木花之佐久夜毘売命

北沢方邦著『歳時記のコスモロジー』（平凡社）より。

4 桜の名所

お花見は、江戸時代後期、人びとの行楽としてはやり、多くの名所が生まれました。江戸時代のベスト5は、隅田川堤、上野山、王子の飛鳥山、品川の御殿山、小金井。8代将軍・吉宗が庶民の娯楽のために植樹させたといわれています。

現在、この5カ所に外堀公園、靖国神社境内、皇居千鳥ヶ淵、青山墓地、井の頭公園なども桜の名所になっています。

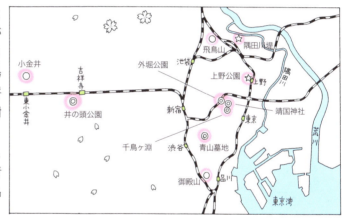

5 お花見のマナー

ゴミ袋を持参して、出したゴミはもち帰りましょう。

桜の木に上ったり、枝を折ったり、花を取ったりしてはいけません。

付近の住人に迷惑をかけるような大騒ぎは慎みましょう。

12 エイプリル・フール ◆4月1日

　エイプリル・フールとは、冗談やうそをいっても許されるという日です。由来は諸説ありますが、もっとも有力なのが、フランスのグレゴリオ暦採用説です。むかし、フランスでは4月1日を新年のスタートの日として祭りをおこなっていました。しかし1564年に国王シャルル9世が1月1日を新年とするグレゴリオ暦を定めました。これに反発した人びとが4月1日を「うその新年」として大騒ぎをするようになったのがはじまりとする説です。

　もうひとつ有名な説が、イエス・キリストの命日説です。キリストが十字架にかかって死んだのは4月1日の金曜日とされています。キリストが、弟子のユダの裏切りにあい、処刑されたことを忘れないように、ほかの弟子たちがエイプリル・フールを定めたという説です。

1 うそをついてもいい日

　うそをついてもいい日とはいえ、だれかを傷つけたりおとしめたり、ひどく驚かせるなどの、人に害を与えるようなうそはいけません。

　すぐにばれるような、そして楽しい雰囲気になるようなちょっとした冗談やからかい程度のうそであることが大事です。

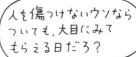

2 悪気のないうそ

　「なぁんだ」「やられた！」という程度ですむような、悪気のない、その場かぎりのうそが、エイプリル・フールを楽しむためのルールです。

3 4月ばか

欧米などではすぐにうそとばれるような遊び心たっぷりの記事を掲載する新聞社もあります。

4 エイプリル・フールの由来

エイプリル・フールの由来ははっきりしていません。しかし、16世紀のヨーロッパで暦を替えたとき、それを快く思わない人たちが4月1日にこれまで通りの新年を祝う悪ふざけをしたという説もあります。

5 アジア起源説

エイプリル・フールの起源には諸説あり、ほとんどがヨーロッパのものです。しかし、なかにはアジア由来のものもあります。

むかし、インドの仏教徒たちは3月25日〜31日の1週間、座禅を組んで修行をしていました。修行が終わった4月1日に、からかいの行事をおこない、悟りの境地から迷いの世界に戻るのを防いだということです。ちなみに、日本には江戸時代に伝わったそうです。当時は「不義理の日」として人に義理を欠いてもいい日とされていました。

13 花祭り

◆4月8日

　4月8日は仏教の開祖、お釈迦さまの誕生日です。これを記念してお寺でおこなう行事を「花祭り」といいます。

　お釈迦さまは紀元前6～5世紀頃、インドの小さな国の王子として生まれました。お城の庭園で、母親の摩耶夫人が花を採ろうと手を伸ばしたときに生まれた、と伝えられています。

　お寺ではこの日、「花御堂」という季節の花々で飾った小さなお堂をつくり、中央に銅盆を置いて、その中にお釈迦さまの生まれたときの姿をかたどった立像「誕生仏」を据えます。参詣人はこの立像の頭に甘茶をそそぎ、礼拝します。これはお釈迦さまが生まれたとき、雲の上に竜が現れて、清浄の水を吐きそそいで産湯をつかわせた、という伝説にもとづきます。

1 誕生仏

　お釈迦さまの正式な名前は「釈迦牟尼仏」といいます。

　お釈迦さまが生まれたときには不思議なことがたくさん起こりました。突然、あたりに蓮華（はすの花）が咲き、そこまで歩いていった生まれたばかりのお釈迦さまが、はすの花の上に乗って右手で天、左手で地を指し、「天上天下唯我独尊」と唱えた、というのもそのひとつです。

花御堂に据えるお釈迦さまの立像。生まれたときの姿をかたどったもので、「誕生仏」とよばれます。

2 花御堂と花祭り

　この日に花御堂をつくり、この日を花祭りとよぶのは日本独自のものです。かつて卯月八日（4月8日）には、山に登って山の神をまつり、花見をする風習がありました。秋の収穫のあとに山に帰った神を、ふたたび田に迎える行事です。その際、ツツジ、フジ、ウツギ（卯の花）などの花を摘み帰り、家の軒のあたりに挿したり、高いさおの先に結んで立てたりしていました。江戸末期の記録によると、江戸ではこの日、節分に挿した柊と鰯を取り除き、代わりに卯の花を掲げたとされています。

●花御堂
誕生仏の下に置かれた銅盆から、竹のひしゃくで甘茶を汲み、誕生仏の頭に3回そそいで礼拝します。

●ウツギ（卯の花）
白いつぼみが、稲の穂が垂れているように見えることから、古代より尊ばれてきた植物です。「お釈迦さまの花」とよばれ、新茶とともに仏壇に供えられました。

3 甘茶と書道と虫除け

甘茶の原料は、アマチャ（ユキノシタ科、アジサイの変種）という植物の葉を乾燥させたものです。甘茶は参詣者にもふるまわれ、水筒やびんに入れてもち帰ることもできます。

甘茶にはいろいろな効能があります。硯に入れて墨をすり、字を書くと書道が上達するといわれています。

この墨で「昔より（あるいは、年ごとに／千早振る）卯月八日は吉日よ、神さけ虫を成敗ぞする」と書いた紙を逆さまに貼っておくと虫除けになるともいわれます。

4 お釈迦さまってどんな人？

お釈迦さまの母親は、お釈迦さまが生まれてすぐに他界してしまいました。そのこともあり、病や死について深く考えるようになります。

16歳で結婚し、後継ぎの男の子が誕生し、29歳のときに出家（仏門に入ること）する決心を固めました。放浪生活を続けながら、厳しい修行をします。35歳のとき、菩提樹の下で瞑想に入り、悟りを開きました。その後、各地で世の中や人間の理想像を人びとに説き、80歳で、沙羅双樹の下で弟子に囲まれながら死去しました。

●菩提樹の下で静かに瞑想に入るお釈迦さま

5 世界の三大宗教

	仏教	キリスト教	イスラム教
開　祖	釈迦	イエス・キリスト	ムハンマド
はじまった時期	紀元前6〜5世紀（釈迦の誕生）	紀元元年ごろ（イエスの誕生）	610年（ムハンマドが啓示を受ける）
教　典	仏教教典	旧約聖書と新約聖書	コーラン
信者数	東南アジア、東アジア、チベットを中心に約5億人	ヨーロッパ、南北アメリカを中心に約17億人	西南アジア、東南アジア、アフリカを中心に約10億人

●福耳

人びとの話をよく聞いてあげるため、お釈迦さまは大きな耳をしていました。

14 憲法記念日 ◆5月3日

　日本国憲法は1947(昭和22)年5月3日に施行されました。翌1948年には、「日本国憲法の施行を記念し、国の成長を期する日」として、この日が祝日と定められました。

　第2次世界大戦後にできた新憲法は、「国民主権(主権在民)」「基本的人権の尊重」「平和主義(戦争放棄)」を大きな3つの柱とし、これを「憲法の三原則」といいます。これまでに憲法の改正について、さまざまな議論がなされてきました。とくに戦争放棄をうたった第9条については、自衛隊を軍隊とみるかどうかという解釈をめぐって、議論が尽きません。1991年の湾岸戦争からはじまった、自衛隊のPKO(国連平和維持活動)派遣には、国民から賛否両論多くの意見が出ています。

　新憲法ができた歴史的な経過、戦争への反省の上に決められた平和憲法の意味を考えましょう。

1 国民主権

国民が主人公です。

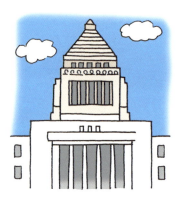
選挙によって代表者を決めます。

国政は国民の信託によっておこなわれます。

2 基本的人権の尊重

自由にものをいうことができます。

自由に結婚することができます。

教育を受けること、健康で文化的な生活を送ることは権利です。

職業を自由に選ぶことができます。

3 平和主義

国際平和を誠実に希求します。

国と国との問題解決に武力は使いません。

軍隊（戦力）はもちません。

4 子どもの権利条約①

「子どもの権利条約（児童の権利に関する条約）」は、18歳未満のすべての人の保護と基本的人権の尊重を促進することを目的として、1989（平成元）年に国連で採択されました。子どもたちを守り、子どもたちの未来を守るための条約です。

差別の禁止

名前や国籍をもつ権利

虐待や放任からの保護

5 子どもの権利条約②

難民や障害をかかえた子どもの尊厳を守り、援助をするよう定められています。

難民や障害児の権利

> **アドバイス**
>
> わが国では「子どもの権利条約」に1990（平成2）年に署名し、1994（平成6）年に発効しました。この条約は、いまなお世界中に貧困、飢餓、武力紛争、虐待、性的搾取といった困難な状況に置かれている子どもがいる現実に目を向けて審議された結果生まれました。
>
> しかしながら、現実にはまだまだ苦しい生活を強いられている子どもがたくさんいます。日本は平和なため、世界中の子どもにまでは目が向かないこともありますが、平和のありがたさを感じるとともに、自分たちになにか協力できることはないか考えてみることも大切でしょう。

15 みどりの日 ◆5月4日

「みどりの日」は、1989（平成元）年に制定された国民の祝日です。「自然に親しむとともにその恩恵に感謝し、ゆたかな心をはぐくむ」ことを趣旨とした日です。全国各地で自然に親しむことをテーマにしたさまざまなイベントが開催されます。

制定時は4月29日でしたが、2007（平成19）年にこの日を「昭和の日」と改めたことで、「みどりの日」は5月4日に移されました。

この時期は新緑の季節であり、4月15日～5月14日は「みどりの月間」でもあります。日本は、列島の中心に山脈が走っているため森林も多く、四季のあるみどりゆたかな国です。そんな日本のゆたかな自然を見直し、大切に守っていくという気持ちを、大人も子どもも改めてもつという、意味のある祝日です。

1 花を植えよう

●種をまく
プランターや花壇に種をまきます。土に腐葉土や肥料を混ぜておくとよいでしょう。

●春にまく種
日々草—6～10月開花
ひまわり—7～9月開花
ローズマリー—6～11月開花
あさがお—6～10月開花

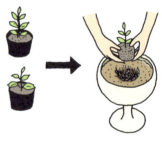

●苗を植える
ビニールポットの苗を、さまざまな色や形のプランターや花壇に植え替えます。

2 花を育てよう

毎日、朝夕に水をやりましょう。水の量は土の乾き具合で加減します。

日当たりのいい場所に置きます。

害虫を駆除します。

3 植物で遊ぼう

押し花をつくる。

シロツメクサやレンゲで飾りをつくる。

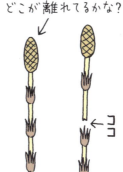
つくしのつなぎ目を当てる。

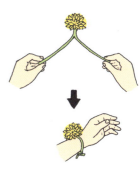
タンポポで腕輪をつくる。

4 ハイキングに行こう

自然公園など、植物や木の多いところに出かけましょう。

植物図鑑をもっていって名前を調べましょう。

気に入った植物やめずらしい植物があったら、写真やイラストに残しましょう。

5 大切な光合成

植物は光合成によって酸素をつくっています。

> **アドバイス**
>
> 植物は光合成によって、二酸化炭素と水から酸素と糖をつくり出します。そのおかげですべての生き物が生きていけるのです。また光合成は、大気中の二酸化炭素を減らし、酸素を増やす役割も果たしています。大気中の二酸化炭素が増えると、温暖化の原因になってしまうのです。現在地上にある植物を守り育てて、いまよりもみどりを増やしていくことが地球の温暖化を防ぎ、人間の命を守っていくことになります。自分たちの都合で自然を破壊してしまうことが、人間だけでなくすべての生き物にとって問題であることを考えましょう。

16 こどもの日 ◆5月5日

「こどもの日」は法律で定められた祝日です。1948（昭和23）年7月20日に公布・施行された法律第178号、国民の祝日に関する法律（祝日法）によって、「こどもの人格を重んじ、こどもの幸福をはかるとともに、母に感謝する」日と定められています。

この日はむかしから「端午の節句」といって邪気祓えを行なう日でした。端午の「端」は「はじめ」という意味で、「午」は「午の日」、その月の初めの午の日ということになります。

端午の日が5月5日になったのは、数字を重ねることで祓えの効果を強いものにしようという考え方（重日思想）によっています。

1 端午の節句の起源

古代中国では、月名と日名の重なる日（午の月の午の日のように）を忌み慎むべき日としていました。午の月の最初の午の日（端午）に、香りの高い草を浸した酒を飲んだり、それを浸した湯につかったりして災厄を祓っていました。

これが平安時代に日本に伝わり、菖蒲酒や菖蒲湯などの風習が生まれました。その後、菖蒲が「尚武（武事や軍事を重んずること）」に通じることから、この日は菖蒲の葉で打ち合ったり、菖蒲の葉ではちまきをして「石合戦」をする男子中心の行事日になりました。

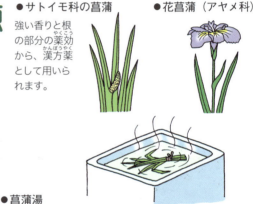

●サトイモ科の菖蒲
強い香りと根の部分の薬効から、漢方薬として用いられます。

●花菖蒲（アヤメ科）

●菖蒲湯
端午の節句が近づくと、スーパーや生花店で菖蒲の束を売りはじめます。菖蒲湯に用いるのは、アヤメ科の花菖蒲ではなく、サトイモ科の菖蒲です。

2 鯉のぼりの歴史

端午の節句は、江戸時代に五節句のひとつとして幕府の式日に定められました。武士階級では、家紋をしるした旗指物や幟、吹き流しなどの武家飾りを玄関前に並べ立てることが流行しました。裕福な町人たちがこれをまねて旗指物の代わりに鯉のぼりを立てるようになったといわれています。

中国では「魚竜変化」といって、鯉は滝をのぼって竜になるといわれています。「登竜門」ということばはここから生まれました。

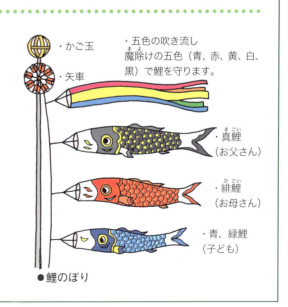

・かご玉
・矢車
・五色の吹き流し
　魔除けの五色（青、赤、黄、白、黒）で鯉を守ります。
・真鯉（お父さん）
・緋鯉（お母さん）
・青、緑鯉（子ども）
●鯉のぼり

3 かぶと飾り

鯉のぼりを立てるのは江戸時代に生まれた風習ですが、江戸の町は火事が多く、消火の邪魔になります。また、しだいに華やかさを競う風潮が高まり、何度も奢侈禁止令が出て、鯉のぼりは全面禁止になってしまいました。

そこで、室内飾り用として武者人形や鎧やかぶとを飾ることがはじまり、明治以降はこれを「鎧飾り」「かぶと飾り」とよんで、節句飾りの中心となっています。

4 こどもの日の行事食

● ちまき
汨羅江という川に身を投げた中国の政治家・詩人屈原（紀元前343年ごろ～278年ごろ）の魂を慰めるために、命日の5月5日に笹の葉で米を包んで川に投げ入れたという故事に由来します。

● 柏餅
柏の木は、新芽が出ないかぎり古い葉が落ちないので、家系が絶えないという縁起をかついだものです。柏の葉で包んだ餅を食べます。

5 かぶとの折り方

新聞紙や包装紙、模造紙、折り紙などでつくります。

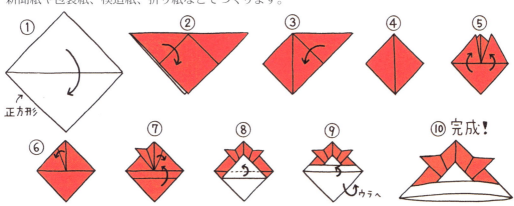

17 母の日

◆5月の第2日曜日

「母の日」は、お母さんに感謝の気持ちを表す日です。母親を亡くしたアメリカ人少女、アンナ・ジャービスが、母親に感謝する日を設けようとはじめたものです。

1907年5月12日、アンナはフィラデルフィアの教会で白いカーネーションを配りました。これが初めておこなわれた母の日です。この風習はアメリカ全土に広まり、1914年に当時の大統領ウィルソンが5月の第2日曜日を母の日と制定しました。

日本で初めて母の日を祝う行事がおこなわれたのは明治の末ごろといわれています。1915（大正4）年には教会で祝われ、1937（昭和12）年に日本の菓子メーカーがおこなったキャンペーンで広まったといわれています。

1 母親に感謝する日

母の日は、いつも家族のために働いてくれるお母さんに「ありがとう」の気持ちを伝える日です。

2 家族みんなで「ありがとう」

「ありがとう」の気持ちは、さまざまな形で伝えることができます。

家族みんなで家事を分担して、お母さんをもてなしてあげるのもひとつのアイデアです。

3 お手伝いで「ありがとう」

自分にできるお手伝いをして、お母さんに「ありがとう」の気持ちを伝えましょう。

ふだんお母さんにやってもらっていることを自分でやってみることで、より深くお母さんのありがたみを感じることができるはずです。

4 「ありがとう」の贈り物

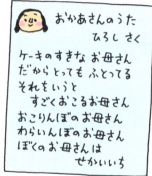

感謝を込めてプレゼントを贈りましょう。お金をかけなくても、アイデアしだいで心のこもったすてきなプレゼントになります。

5 母の日のカーネーション

カーネーションを贈る習慣は、アンナが、母親が好きだった白いカーネーションを母の祭壇に飾ったことからはじまりました。アンナが亡き母に捧げたように、亡くなっていれば白、健在であれば赤のカーネーションを贈ります。

カーネーションには、「十字架にかけられたキリストを見送った聖母マリアが落とした涙のあとに生じた花」といういい伝えもあります。

花ことばは、赤が「愛を信じる」、白が「私の愛は生きている」、ピンクが「熱愛」で、いずれも母性愛を象徴しています。

18 更衣

◆ 6月1日
◆ 10月1日

　現在では、一般に6月1日と10月1日を「更衣」の日としています。平安時代の貴族社会では、旧暦4月1日と10月1日が更衣の日とされ、装束（衣服）だけでなく、室内装飾から几帳、屏風、壁代といった「障屛具」まで季節に合ったものに取り替えられていました。

　室町時代になると加工技術の向上や流通網の整備によって衣料が多様化し、四季に応じた衣服を着るようになりました。公家・武家階級では、端午の節句（5月5日）と6月1日・8月1日（女性）、9月1日を更衣の日とする風習も広まっていきました。

　明治時代に入って学校や職場で制服を着る習慣が定着しはじめると、更衣は一般的に6月と10月におこなわれるようになりました。

1 平安時代の更衣

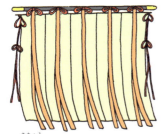

● 几帳
台に2本の柱を立て、柱の上に1本の長い横木を渡してその横木にとばりをかけたもの。ついたてとして室内に立てます。

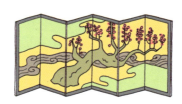

● 屏風
室内に立てて風除けや仕切り、装飾として用います。

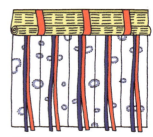

● 壁代
壁のない広い部屋に、すだれに添えて目隠しとするもの。長押から垂らしておきます。

2 江戸時代の更衣

● 単衣
真夏には裏を付けない衣服や麻、単衣（帷子）を着ていました。

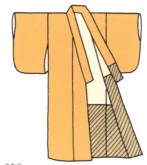

● 袷
春と秋には裏地付きの着物を着ていました。

● 綿入れ
冬には袷に綿を入れて仕立てた着物を着ていました。

③ 現在の更衣

冬物から → 夏物へ
冬物へ ← 夏物から

●夏物・冬物をしまう
洗濯やクリーニングで汗や汚れを落としてからしまいます。防虫剤や防カビ剤などを入れ、大切に保管します。

④ 制服も更衣

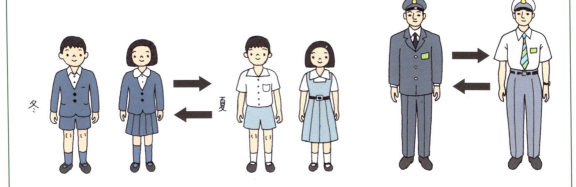

冬 → 夏 ←

⑤ 家の中も夏支度　6月1日の更衣のばあい

梅雨に入る前の、カビや害虫を防ぐための仕事です。

カーペットや座布団、クッションを干し、床や畳を拭き掃除します。

カーテンを洗います。

げた箱を整理し、掃除します。除湿剤を入れます。

19 父の日　◆6月の第3日曜日

「父の日」は、お父さんに感謝の気持ちを表す日です。アメリカ人ソノラ・スマート・ドッド（ジョン・ブルース・ドッド夫人）のよびかけで生まれました。

彼女の父親ウィリアム・ジャクソン・スマートは、妻に先立たれたあと6人の子どもを男手ひとつで育てあげました。そんな父親をもつ彼女は、母の日の存在を知り、父に感謝する日も必要であると1910年に父の日の制定を提唱しました。その後、父の日の行事はアメリカ全土へ広まり、1972年に祝日として正式に制定されました。

日本で父の日の行事がはじまったのは1950（昭和25）年ごろで、1980年代に一般に定着しました。健在している父には赤いバラ、亡くなった父には白いバラを贈ります。

1 父親に感謝する日

父の日は、いつも家族のためにがんばってくれているお父さんに「ありがとう」の気持ちを伝える日です。

2 家族みんなで「ありがとう」

「ありがとう」の気持ちは、さまざまな形で伝えることができます。

家族みんなでお父さんが喜んでくれそうなことを見つけましょう。

3 似顔絵で「ありがとう」

お父さんの顔を描いて、「ありがとう」の気持ちを伝えてみましょう。

お父さんにとって、きっとなによりの贈り物になりますよ。

4 「ありがとう」の贈り物

感謝を込めてプレゼントを贈りましょう。

お金をかけなくても、アイデアしだいで心のこもったすてきなプレゼントになります。

5 父の日のバラ

　父の日のシンボルはバラですが、「子の愛」という花ことばをもつユリが贈られることもあります。

　古くから黄色を「身を守る色」と考えるイギリスでは、父の日には、バラになにか黄色い品物を添えてプレゼントする習慣もあります。

　日本では、「日本ファーザーズ・デイ委員会」という団体が、黄色を父の日のイメージカラーとし、「父の日黄色いリボンキャンペーン」をおこなっています。また、その年話題になった父親にイエローリボン賞を贈ったりもしています。

20 夏越し ◆6月30日

　6月に入ると、全国あちらこちらの神社で鳥居や拝殿の前に「茅の輪」が設けられます。茅の輪とは、茅を紙でたばねて輪の形につくったものです。これをくぐると正月からの半年の間にからだにつもった汚れが落ち、病気や災いから身を守ることができるといわれています。

　神社を中心におこなわれるこの茅の輪の神事は、旧暦6月晦日にからだの不浄を祓うためにおこなっていた「禊」の行事「夏越し」のひとつです。「なごし」は「和し」で、穏やかであるという意味ですが、そこから転じて邪悪なものを鎮めると解釈されています。

　現在の夏越しは、これから夏に向かって病気に対する危険度が高まる時期に、心身や住まいを浄化、刷新するための儀礼としておこなわれ、茅の輪はそのためのひとつの装置と考えられます。

1 茅の輪の由来

　むかし、疾病除けの神、武塔天神（「天王さま」「牛頭天王」ともいう）が南海の神の娘に会いに行ったとき、裕福な巨旦将来の家に泊めてもらおうとしましたが、断られ、代わりに巨旦の兄の貧しい蘇民将来の家で歓待を受けました。

　のちに武塔天神はふたたび蘇民の家を訪れ、蘇民に礼をいうとともに、巨旦の一家をことごとく滅ぼしてしまいました。蘇民一家は、武塔天神から与えられた茅の輪を身に着けていたため、全滅の難を逃れた、と伝えられています。

●茅の輪くぐり
全国各地の神社でいまも盛んにおこなわれています。

2 茅の輪のくぐり方

水無月の夏越しの祓する人はちとせの命のぶというなり
（拾遺和歌集より）

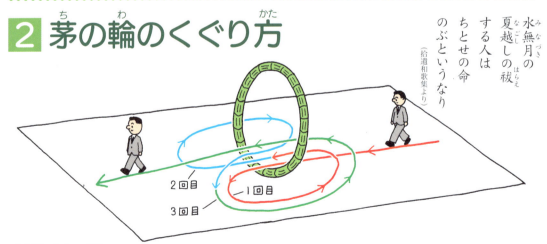

「水無月の夏越しの祓する人は、ちとせ（千歳）の命のぶというなり」という古歌を唱えながら、左まわり→右まわり→左まわりと、8の字を書くように3度くぐり抜けます。

3 疫病除けのお守り

蘇民の一家が、武塔天神にもらった茅の輪のおかげで災いから逃れたという説話を起源として、全国各地の神社では、「蘇民将来子孫也」と書いた茅の輪のお守りが授けられます。また、正月には桃や柳の木などを六角形、あるいは八角形の形にしたお守りを配る寺社があります。

●茅の輪のお守り

●蘇民将来
1000年以上の歴史のあるお守りです。

京都の祇園祭

京都の八坂神社の祭礼「祇園祭」は、疫病除けの神である牛頭天王をまつるお祭りです。平安時代、京の都をはじめ、日本各地に疫病が流行したとき、「祇園牛頭天王の祟りである」として、天皇の庭園に当時の国の数、66カ国にちなんで66本の鉾を立てて牛頭天王をまつり、神輿を洗って疫病がおさまることを祈ったことにはじまります。

八坂神社では、7月1日の「吉符入り」から31日の「疫神社夏越祭」まで、1カ月にわたってさまざまな神事、行事がおこなわれます。

●八坂神社

●山鉾巡行

●疫神社夏越祭の茅の輪

写真提供:藤崎義隆氏

21 七夕(たなばた)

◆7月7日

　七夕は、7月7日の星祭りが中心となる行事です。
　山の雪の消え残り(雪代)、動植物のめざめ、月の満ち欠けなどの自然現象を季節や時間の目印としていた時代には、星もまた大切な存在でした。七夕伝説の主役、織女星と牽牛星は、農作業のときを知らせる星として大むかしから注目されていました。このふたつの星が、天の川をはさんだ位置にあることから、年に1度の再会を待つ恋人同士の物語が育まれていったのです。
　五色の短冊に願い事を書き、笹の葉に飾る日本の七夕の行事は、女子の手芸の上達を願う「乞巧奠」という中国の星祭りと、日本古来の「棚機つ女」信仰が結びついて誕生しました。

1 七夕伝説(たなばたでんせつ)

　天の川の東に織姫(織女星)がいました。織姫は天帝の娘で、来る日も来る日も機織りに精を出し、雲の錦で天の衣を織っていました。
　天帝は、娘がひとり身であることを哀れんで、天の川の西の彦星(牽牛星)と結婚させましたが、お嫁にいってからの織姫は、機織りの仕事をまったくしなくなってしまいました。
　腹を立てた天帝は、娘を天の川の東に連れて帰りました。そして1年に1度だけ、7月7日の夜に、天の川を渡って彦星と会うことを許しました。

2 棚機つ女信仰(たなばためしんこう)

　「棚機つ女」の信仰は、農作業にまつわる「祓」の信仰です。村はずれの海や川、湖沼の入り江などに設けられた祭壇の中で、「棚機つ女(または乙棚機)」とよばれる女性が、神に捧げる布(神御衣)を織ります。そして一晩機屋にこもって神さまを迎えます。翌朝、神さまに村人たちの穢れをもち帰ってもらいます。その後、盆という大きな祭りを迎えるという信仰です。6日の宵に笹飾りをして、野菜やくだものの初物をお供えし、7日の早朝に七夕送り(笹飾りを川に流すこと)をおこなっていた地方もたくさんありました。

●新潟県中条町村松浜の七夕笹流し(にいがたけんなかじょうまちむらまつはま たなばたささながし)　写真提供:畑野栄三氏

3 短冊に願い事

唐の時代には、女子の手芸の上達を祈る「乞巧奠」という星祭りが盛んになりました。この風習は奈良時代の日本に伝わり、宮中の儀礼としておこなわれるようになります。

当時は、機織りや裁縫のほかにも、琴や詩歌、書道などの上達を願いました。室町時代になってから、梶の葉に歌を書いて笹竹に結びつける慣習が生まれました。

短冊に願い事を書く現在の風習は、江戸時代にはじまりました。

1枚に願い事をひとつ書きます。短冊に書くのは文字とは限りません。絵、たとえば七夕のお供え物の野菜、あるいは夜空の星の様子などを描いてみましょう。

4 書道の上達を願う

サトイモの葉にたまった朝露を集めて硯に移して墨をすると、習字が上達するといわれています。

この墨で短冊に詩歌を書き、勉強や書道の上達を願います。

5 七夕飾り

折り紙や切り紙細工で七夕飾りをつくってみましょう。

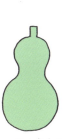
・ひょうたん　・すいか

・梶の葉

・ほおずき

・吹き流し
織姫の織り糸をかたどったもので、長寿を願います。

・きらきら星

・あみ飾り
投網をかたどったもので、豊漁や豊作を願います。

6 七夕飾りのつくり方

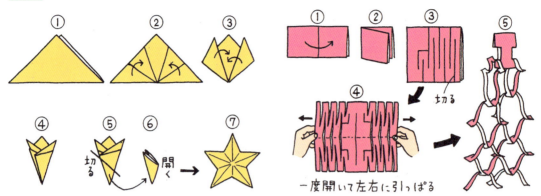

● きらきら星

● あみ飾り

7 七夕人形

「七夕人形」や「七夕紙衣」という、「形代」の一種と考えられるものを軒につるしたり、子どもたちが小川に浮かべて押して歩くといった行事をおこなっている地方もあります。

● 兵庫県朝来市生野の七夕人形　　写真提供：夢但馬

「七夕さんの着物」とよばれています。8月6日の夜、笹竹を2本立て、そのあいだに竹を渡して人形を通します。たくさん飾ると衣装もちになるといわれています。

● 長野県松本の七夕人形

8月6日に七夕人形をなるべく風通しのよい軒下につるして飾り、その風で厄を吹き払ってもらいます。

8 旧暦の七夕の星座

旧暦の7月7日前後（現在の8月下旬）は、一等星がきわだって美しく見える時期でした。このころは上弦の月であるため、夜空が暗いからです。

● こと座　　● わし座

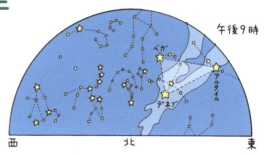

● 午後9時ごろの夜空

頭上高くに、こと座の一等星ベガ（織女星）。天の川をはさんでわし座の一等星アルタイル（牽牛星）。天の川の中のはくちょう座デネブ。この3つの星が大きな三角形をつくっています。

9 七夕の行事食

●索餅(さくべい)
平安時代、七夕の節句には、病除けのために小麦粉と米の粉を練って縄の形につくったお菓子、「索餅」を食べる風習がありました。索餅は中国から渡来(とらい)したもので、和名を「むぎなわ」といいます。7月7日に死んだ古代中国の帝(みかど)の子が、1本足の鬼となって熱病をはやらせ、困った人びとが、その子が生前好物だった索餅を供(たた)えて祟(た)りを鎮(しず)めた、という故事にちなんだものです。

●そうめん
現在ではお菓子に代わってそうめんを食べるようになっています。

10 七夕のお供え物

七夕さまは「初物食(はつものぐ)い」だから、この時期に初めて採(と)れた野菜やくだものをお供えするとされています。わざわざ熟(じゅく)していない青い野菜やくだものを採ってきてお供えすることもあります。

そうめん
すいか
かぼちゃ
とうもろこし
ほおずき
桃
さつまいも
メロン
ぶどう
枝豆
芋のつる など

むかし話「七夕女房(たなばたにょうぼう)」

七夕には、蔓(つる)もの(豆、キュウリ、ひさごなど)をお供えします。また、この日にうりを食べてはいけない、という言い伝えがあります。その理由を、むかし話「七夕女房」はこう語ります。

夕顔の蔓(つる)を上って、天の国の妻(天女(てんにょ))を訪ねた男が、天のうり畑のうりを縦割(たてわ)りに切ったところ、たちまち水があふれ出て大洪水(だいこうずい)となり、ふたりは川の両岸に別れ別れになってしまった。うりからあふれた水は、いまも天の川となって天の国に流れている。7月7日の夜、空がよく晴れると、男が年に1度だけ川を渡って妻に会いに行くのが見えるといわれている。

22 海の日

◆7月の第3月曜日

　日本では、1941（昭和16）年以来、7月20日を「海の記念日」としてきました。国土をすべて海で囲まれている日本にとって、海は生活や産業に深くかかわっています。水産業や造船業など、海に関連する産業に従事している人びとによって、海の重要性を国民に知らせる、「海の記念日」が制定され、海にまつわるさまざまな催しが各地で開催されています。

　「海の日」を国民の祝日として制定しようという運動が起こり、1996（平成8）年から、この日を国民の祝日「海の日」としました。むかしから恩恵を受けてきた海に感謝し、海を大切にしよう、という日です。

　2003（平成15）年からは、「ハッピーマンデー法」の適用によって、毎年7月の第3月曜日とすることに改められました。

1 地球の70％は海

宇宙から見ると地球が青く見えるのは、海が多いためです。

日本は海に囲まれています。むかしから海は、重要な役割を果たしています。

2 海の産業

●漁業
黒潮と親潮が混ざり合う日本のまわりは、たくさんの種類の魚がとれます。

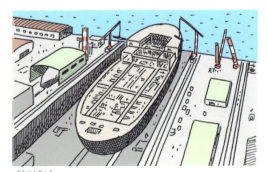
●造船業
日本の造船業は世界でもトップクラスです。

3 海での遊び

●海水浴

●釣り

●潮干狩り

●磯あそび

4 海遊びのときに注意すること

●体調管理

●単独行動はしない

●日差しに注意

●浮き輪を過信しない

5 海を守ろう

生活排水の有機物が海を汚してしまいます。少しの心がけで、海の汚染を食い止めることができます。

洗剤の使いすぎはダメ

使用済みの油は固めるか、拭き取ってゴミ箱へ

アドバイス

2002(平成14)年に日本海事広報協会がおこなったアンケートでは、小学生から高校生までの子どもの約9割が「海が好き」と答えています。その理由の上位を占めるのが、広い、きれい、気持ちいい、です。「海を見ると心が休まる」という回答も多く、海が子どもたちの気持ちによい影響を与えていることがわかります。

しかし現状では、自然破壊や汚染が進みつつあります。「海の日」には、海について考え、海を大切にしようという趣旨の催しが全国でたくさん開催されています。子どもと一緒に参加してみるのもよいのではないでしょうか。

23 土用の丑の日

立秋前18日間中のはじめの丑の日

　いま、「土用」というと夏の土用をさしますが、土用は年4回あります。夏の土用は立秋の前の18日間の酷暑の時期、冬の土用は厳寒の時期にあたり、いずれも健康に気をつけなければいけない時期です。

　夏の土用中の丑の日に、暑さを乗り切る栄養をつけるためにうなぎを食べる習慣を「土用うなぎ」といいます。江戸時代の安永・天明（1772年～）ごろから庶民のあいだに定着しました。平賀源内（1728～1780年）が宣伝に一役買ったといわれています。万葉集の時代にもすでに、うなぎは栄養価の高い食品とされていました。大伴家持は「石麻呂に　我ものもうす　夏やせによしというものぞ　むなぎ採り食せ」と、健康回復のためにむなぎ（うなぎの古いよび名）をすすめる歌を詠んでいます。

1 土用とは？

　土用は中国の五行説に由来します。古代中国の哲学者は、一切の物理現象を5つの気に分類しました。たとえば動物は、犬＝木気、羊＝火気、牛＝土気、鶏＝金気、鹿（猪）＝水気としました。人体（病気）は、皮毛＝木気、爪筋＝火気、肉＝土気、骨＝金気、血脈＝水気としました。季節（四季）にも五気をあてはめ、春＝木、夏＝火、秋＝金、冬＝水としましたが、土が残ってしまうので、春夏秋冬それぞれの終わり18日間を土気の働く時期としました。これが土用です。土用には衣食住全般にわたって、滋養・養生がいわれました。

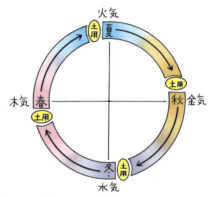

● 五行説の考え
自然界、人間界に存在するものはすべて木・火・土・金・水のいずれかの性質をもち、それがつながったり争い合ったりして新しい現象を生み出す、と考えられています。

2 蒲焼の語源

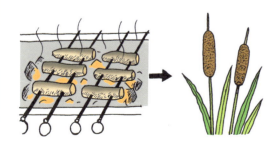

● 蒲焼き説
むかし、丸のまま焼いて食べたそうです。その形が蒲の穂に似ていることから「がまやき（蒲焼き）」とよばれるようになり、それが「かばやき」に変化したという説です。

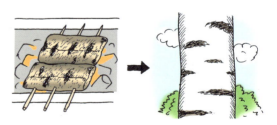

● 樺焼き説
うなぎを焼くと、白樺の木の皮のような色になることから「かばやき（樺焼き）」とよばれるようになり、それが「蒲焼」に変化したという説です。

3 うなぎ料理いろいろ

●鰻巻き卵
蒲焼を芯にしてだし巻き卵で巻いたもの。

●うな玉丼
玉子丼の具にうなぎを使います。

●櫃まぶし
焼いたうなぎを細かくきざんでご飯に混ぜます。

●うざく
焼いたうなぎを、薄切りにして軽く塩でもんだキュウリと一緒に三杯酢で和えます。

4 土用干し

土用の時期には、強い日差しにあてて梅干しや薬草をつくったり、害虫やカビを防ぐために、衣類や書物などを陰干ししたりします。

●梅干し
「三日三晩の土用干し」といって、梅雨明けの強い太陽にあてます。

●薬草干し
ドクダミやセンブリなどの薬草を土用中に干すと、薬効が増すといわれています。

●書物
表紙を下にして干します。ときどきページをめくって全体に風が通るようにします。

●掛け軸
裏を干します。

●衣類
絹やカシミヤ、ダウンなど虫がつきやすい衣類に風を通します。絹や色の鮮やかなものは直射日光にあてないようにします。

5 土用のならわし

●土用しじみ
むかしから「土用しじみは腹薬」といわれ、うなぎと一緒にしじみのおつゆを飲む習慣があります。

●土用灸
夏の土用に灸をすえると効果があるといわれています。

●暑中見舞い
土用の時期にあいさつのために出します。

●海水浴
土用のころに海水浴をすると夏バテしないといわれています。しかし台風の接近にともなう波のうねり「土用波」には要注意です。

24 原爆記念日

◆8月6日（広島）
◆8月9日（長崎）

1945（昭和20）年8月6日午前8時15分、アメリカは広島にウラン型原子爆弾「リトルボーイ」を投下しました。この爆弾によって一瞬のうちに15万人もの人びとが死傷しました。この原子爆弾は重さ4.1トンもありました。大変大きな威力をもち、過去の戦争で使用された爆弾の中でもっとも大型であるイギリスの「グランド・スラム」の2000倍を超える破壊力をもっていました。

被爆2年後の1947（昭和22）年、広島市長になった浜井信三さんは、毎年8月6日に平和記念式典を行ない、市長が平和宣言することを決めました。その翌年、新聞記者ルサフォード・ポーツの「ノーモア ヒロシマズ」という表現がきっかけで、「ノーモア ヒロシマ」が世界中に広まりました。

1 原爆のすさまじい破壊力

●きのこ雲
広島市の上空600mで原子爆弾は大爆発を起こしました。この原爆のために現在までに20万人以上が亡くなったといわれています。

●原爆ドーム
爆心地付近にあった建物の姿です。世界遺産に登録されました。

2 平和記念公園

爆心地に恒久平和を願って平和記念公園がつくられました。公園内には、平和記念資料館、原爆死没者慰霊碑、供養塔、原爆の子の像、平和の灯などがあります。

毎年8月6日には、「ノーモア ヒロシマ・ノーモアヒバクシャ」を合い言葉に全世界から多くの人が集まり、広島市主催の「平和記念式典」がおこなわれます。

・平和記念資料館
原爆の恐ろしさを物語る犠牲者の遺品や被爆資料が展示されるとともに、核の時代の現状や平和への取り組みについて紹介されています。
写真手前が原爆ドーム、奥が原爆死没者慰霊碑と平和記念資料館。

3 犠牲者への慰霊

●原爆死没者慰霊碑
尊い生命を奪われた犠牲者の慰霊と平和を祈念して建てられました。「安らかに眠って下さい 過ちは繰返しませぬから」という碑文がきざまれ、姓名の判明した被爆死没者の名簿が納められています。

●灯籠流し
「安らかに眠って」「平和」など、それぞれの思いを書いたたくさんの灯籠が川面にゆれます。

4 平和への誓い

●平和宣言
平和記念式典では、広島市長が世界の平和を願って平和宣言をします。

●平和の鐘
平和を願うシンボルとしてつくられました。平和記念式典では、この鐘を合図に全員が黙とうし、犠牲者の冥福と平和を祈ります。

5 長崎原爆記念日

広島に原子爆弾が落とされた3日後の1945（昭和20）年8月9日午前11時2分、今度は長崎にプルトニウム型原子爆弾「ファットマン」が投下されました。当初の目標だった福岡県小倉は、上空が雲に覆われていたため、第二の目標だった長崎に変更されたのです。

この爆弾の威力は広島に落とされたものの2倍で、死者は14万人にのぼるといわれています。毎年8月9日には、平和祈念像の前で、原爆で亡くなった人びとの慰霊祭と平和祈念式典がおこなわれます。

●長崎の平和祈念像
天を指す右手は原爆を、水平に伸ばした左手は平和を、閉じた目は冥福を祈る姿を表しています。

25 お盆

◆7月13日〜15日
◆8月13日〜15日

　お盆は、先祖の霊を家々に迎えてまつり、送り出す「霊祭」の行事です。8月13日〜15日を中心におこなわれ、さまざまなお供え物をして先祖の冥福を祈ります。東京などの都市部では、7月の中旬におこなうところが多く、地方では、8月の行事として定着しています。
　「盆」の語源はサンスクリット語の「盂蘭盆（ullambana：逆さまにつるされるような苦しみの意味）」を略したものといわれます。また、お供え物を盛る器の名前「ボニ」に由来するとの説などもあります。死者の霊魂は、直系の子孫によって四十九日や一回忌、三回忌というように年忌法要を営んでもらうことでしだいに清められ、穏やかになり、盆のあいだに家に帰り、子孫に迎え入れられて、家の安寧と繁栄を約束してくれる先祖霊になると信じられています。

1 迎え火

　先祖の霊を迎えるため、13日に「迎え火」を焚きます。家の門口か戸口に土器の焙烙を置き、その上で苧殻（麻の皮をはいだ茎）を折って燃やすというのが、都市部の迎え火の焚き方です。
　先祖の霊はその煙にのって家に帰ってくるといわれています。

2 ご先祖さまの迎え方

・苧殻の足を付けたナスの牛とキュウリの馬

・焙烙

・苧殻

・お灯明用のろうそく　・マッチ

・みそ萩

・閼伽水（仏さまに供える水）
中くらいの大きさの深めの皿か鉢に蓮の葉を敷いて水を入れたもの

①キュウリの馬（ご先祖さまが乗る）とナスの牛（ご先祖さまの荷をのせる）を、頭を家の入り口に向けて並べる。

②地面に焙烙を置き、中に10cmくらいに折った苧殻を入れ、火をつける。

③苧殻の火をろうそくに点じる。

④ご先祖さまがお灯明とともに家の中に入る。

⑤残ったひとりが閼伽水をみそ萩につけ、迎え火に振りかけて消す。

3 盆棚（精霊棚）

　迎え入れた先祖霊をまつるために、仏壇とは別に臨時の祭壇を設けます。これを「盆棚」または「精霊棚」とよびます。

　先祖霊は、亡くなってから数年を経ていると、すでに十分穏やかになり、清まっていると考えられるため、盆棚は、仏壇のある部屋や床の間などに設けます。

4 盆棚のまつり方

　お仏壇、仏具を掃除し、清めます。ちゃぶ台、または座卓などに白い布をかけます。

　花（盆花）は、洋風のものは避け、和花を供えます。

　季節の野菜やくだもの、お菓子、うどん、そうめん、団子、「水の子」（洗い米にナスやキュウリをきざんで混ぜ、蓮や芋の葉を容器にして盛ったもの）などをお供えします。祖先の霊に捧げるご馳走ですから、毎日変化をつけます。

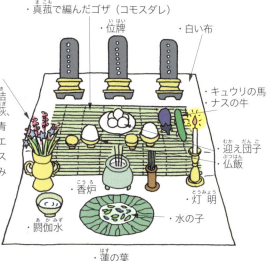

・真菰で編んだゴザ（コモスダレ）
・位牌
・白い布
・花瓶（華瓶）
　青ほおずき、桔梗、女郎花、萩、柿や栗の木の青葉、蒲の穂、エノコログサ、ススキの若穂、みそ萩など。
・キュウリの馬
・ナスの牛
・迎え団子
・仏飯
・香炉
・灯明
・閼伽水
・水の子
・蓮の葉

5 草市

　先祖の霊を迎える日（迎え盆）の前日、必要な飾り物やお供え物を売る市が立ちます。これを「草市」、または「盆市」「花市」とよびます。

　東京では、7月12日に品川区の東海道旧道、中央区の人形町と月島西仲通り、台東区浅草田原町に、それぞれ数軒の露店が出ます。

●月島西仲通り商店街の草市　写真提供：東京都中央区広報課

毎年7月12日〜14日、通りにさまざまな露店が立ち並び、浴衣姿や親子連れでにぎわう夏の風物詩になっています。

6 吉事盆とお中元

しばらく亡くなった人のいない家のお盆は、お迎えする先祖の霊が十分清められた穏やかな霊だけなので「吉事盆」といいます。

中国の民俗信仰である道教では、1月15日を「上元」、7月15日を「中元」、10月15日を「下元」としてそれぞれ天の神、地の神、水の神をまつるならわしがあります。この風習が日本に伝わり、たまたま日が重なっていたお盆と結びついて、親戚や知人に物を贈る習慣が生まれたといわれています。

7 新盆

亡くなってから1年、または3年未満の仏さまを「新精霊」、または「新仏」といいます。新精霊を迎えるお盆を「新盆」または「初盆」とよんでいます。

新精霊は、この世にまだ未練を残しているため穏やかになれずにいると考えられています。そのため、新盆は、期間が少し長く、まつり方も、よりていねいにします。行事期間は、1日、または7日から、20日、または30日までとする地域もあるようです。

8 新精霊のまつり方

・ほおずき
・笹

・盆灯籠
初めての里帰りとなるため、精霊が迷わず家に戻れるよう仏壇のそばや軒先に飾ります。新盆を迎える家で用意したり、子どもたちからお盆の前に贈られたりします。

・棚経
新盆には自宅に僧侶をよんでお経をあげてもらいます。親族や故人と親しかった友人なども招き、読経後に参会者全員で食事をすることもあります。

・霊供膳
盆の期間中、朝、昼、晩の3食、家族とおなじ食事を供えます。

・お供え物
黄白の結び切りに「新盆御供」「御供」の表書きのかけ紙を使います。お供えのお返しには、黄白の結び切りに「粗供養」の表書きのかけ紙を使います。

9 盆踊り

お盆の時期に、音頭や民謡に合わせて広場や道路などでおこなう踊りを「盆踊り」といいます。もとは、帰ってくる精霊を迎えて慰めるための踊りですが、いまでは町内会や自治会主催の夏祭りを兼ねたイベント色の強いものになってきました。

先祖の霊、とくに新仏を楽しませるため、笛や太鼓、鉦などの「鳴り物」でにぎやかに囃して、そのあとに送り出す、というのが盆踊りの目的です。

10 盆踊りの形式

踊りの形式は、「群行式」と「輪踊り式」とに大きく分けられます。

●群行式
踊りながら地域内を集団で練り歩きます。徳島県の阿波踊りが有名です。神霊の訪れとこれを見送る形式といわれています。

●輪踊り式
広場の中央にやぐらを組んで、輪になって踊ります。現在、主流となっている形式です。

11 盆休み

東京のお盆の行事は一般的に7月中旬におこなわれますが、地方では、月遅れの盆（8月13日～15日、16日）をおこなっている地域がほとんどです。これは、新暦の7月ではまだ田畑の作業が完全に終わっていないため、新しい暦に合わせて行事をすることがむずかしかったためです。こういったことから、「盆休み」は、地方出身者が郷里に帰省し、親が健在であればそれを祝い、村や町の行事にも参加できるよう、8月に設けられています。

12 送り火

　15日の夕方か、16日の朝、先祖の霊をふたたび彼岸に送るため、お迎えしたときとおなじように戸口か門口で苧殻を焚きます。これを「送り火」といいます。

　送り火は、迎え火よりも大きな火にするといわれています。送り火を見ながら帰っていく先祖の霊が、振り向いたときに火が消えているとさびしい思いをするから、という理由もあるようです。盆の終わりの感傷というだけでなく、日本人のやさしさを物語るいい伝えです。いつまでも継承したい心です。

送り火を焚くときには、馬と牛の頭を家の外の方向に向けます。

13 お盆のあとかたづけ

　川の汚染やゴミの不法投棄が大きな問題となっている現在では、以前のように川や海に飾り物を流して、線香を焚いて拝むということも少なくなりました。ゴミとしてかたづける際にも、せめてむかしにならい、線香を焚いて、ていねいに拝むことを忘れないようにしたいものです。

毎年使う盆灯籠などの盆用品は新聞紙などにくるんで大切に保管します。

盆棚に使った真菰のゴザに包んで焼却するか、ゴミとして処分します。

14 大文字焼き

　お盆の終わりに、火を焚いて先祖の霊を送る「送り火」の行事が全国各地でおこなわれています。

　もっとも有名なものは、8月16日に京都でおこなわれる「五山送り火」です。炎が「大」の文字を描くことから、一般には「大文字焼き」といわれています。神奈川県の箱根でも、夏の大きな観光イベントとなっています。

京都の大文字五山送り火

15 大文字五山送り火

毎年8月16日の夜、京都市街をとりまく5つの山で盛大におこなわれる「送り火」行事です。

東山・如意ヶ嶽の大文字

洛西・大北山の左大文字

嵯峨・曼荼羅山の鳥居形　西賀茂・明見山（船山）の船形

松ヶ崎・西山の妙法の文字

16 精霊流し

仏さまを海のかなた（西方浄土＝彼岸）に送る行事を「精霊流し」といいます。8月15日または16日に、藁でつくった舟に家々の盆のお供え物や飾り物をのせて火をともし、海や川に流します。

この舟を「精霊舟」「盆舟」「送り舟」といいます。

●隠岐諸島・西ノ島の精霊舟流し

お供え物をのせた舟を海に流します。舟は木と竹と藁でつくられています。

17 灯籠流し

全国各地でおこなわれている「灯籠流し（灯籠送り）」は、精霊流しのひとつです。たくさんの灯籠に火をともし、盆のお供え物や飾り物と一緒に川や海に流します。

大文字焼きにしても、灯籠流しにしても、根底にあるのは、より多くの人びとの手によって精霊を送ろうとする心です。

まるで仏さまを送り返す道しるべのように、あかりが水面をただよいます。

26 終戦記念日 ◆8月15日

　終戦記念日は、「戦没者を追悼し平和を祈念する日」ともよばれています。第2次世界大戦は、1939（昭和14）年9月1日、ドイツのポーランド侵攻によって勃発しました。そして、1941年12月8日、日本はハワイの真珠湾を攻撃し、太平洋戦争に突入します。日本軍は連戦連勝の勢いで、その年の暮れまでに東アジアと太平洋地域を制圧しましたが、戦局はしだいに連合国側に有利になり、1944年に入ると、占領地域からの撤退がはじまりました。

　そして、アメリカ軍による1945年6月23日の沖縄制圧、広島（8月6日）と長崎（9日）への原爆投下、8日にソ連の参戦表明を受けた日本は、14日に降伏を決定。15日正午に天皇によるラジオ放送（玉音放送）が行なわれ、国民に無条件降伏による敗戦が伝えられました。

1 戦争への突入

　1937（昭和12）年7月7日、北京郊外の盧溝橋で、日本軍と中国軍が衝突し、これをきっかけに日中戦争がはじまりました。（盧溝橋事件）

　朝鮮、中国、東南アジアへとつぎつぎに侵略をつづける日本と、それを阻止したいアメリカ、イギリスなどの連合国との関係は、ますます悪化していきます。ついに日本は、1941（昭和16）年12月8日、ハワイ真珠湾のアメリカ艦隊を奇襲して、第2次世界大戦（太平洋戦争）へと突入しました。

● 1941（昭和16）年における日本の勢力圏

2 悲劇の沖縄戦

　1945（昭和20）年4月1日、アメリカ軍が沖縄本島に上陸し、激しい地上戦がおこなわれました。この戦いは、多くの民間人を巻き添えにし、ひめゆり学徒をはじめ島民の十数万人が犠牲になりました。6月23日、ついに沖縄の日本軍は降伏、沖縄はアメリカ軍に制圧されました。日本国内で地上戦がおこなわれたのは沖縄だけです。

©GALLAP & I.Sakai

●ひめゆりの塔
日本兵の看護をおこなっていた女学生「ひめゆり学徒」200余名の慰霊の塔です。

3 玉音放送

　1945年（昭和20）8月15日正午、日本の無条件降伏をうながすポツダム宣言の受諾を、昭和天皇が全国民に向けてラジオで告げました。この放送によって、日本全土に太平洋戦争の終結が知らされました。

4 追悼式

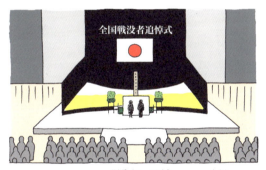

毎年8月15日、現在は「戦没者を追悼し平和を祈念する日」ともよばれています。この日は政府主催の「全国戦没者追悼式」が行なわれ、300万人余りの戦没者の冥福を祈ります。

夏の全国高校野球選手権大会を開催中の甲子園球場では、8月15日の正午にサイレンを鳴らし、高校球児たちが戦争犠牲者に黙とうを捧げます。

5 戦死者の数

　第2次世界大戦では、世界で約6000万人、アジアで約2000万人が犠牲になっています。この戦争ではとくに軍人以外の一般市民がたくさん犠牲になりました。

　日本人の犠牲者は300万人以上と推定されています。兵隊として戦地で死んだ人は二百数十万人といわれますが、多くが食べ物がなく餓死したことが明らかになっています。

　日本軍が侵略した中国での死傷者は軍人が約400万人、一般市民が1800万人以上と推定されています。

27 防災の日

◆9月1日

　「防災の日」は、1923（大正12）年9月1日に起こった関東大震災の惨事を教訓とする意味と、この時期に多い台風への心構えをするという意味をもっています。1960（昭和35）年に制定されました。

　この日には、全国でさまざまな防災訓練がおこなわれ、小学校や幼稚園などでも、緊急時の保護者への引き渡し訓練をおこなっているところが多くあるようです。

　災害は予告なしにやってきます。いざというときに備えて、家庭や学校などでも防災について話し合ったり、避難訓練をおこなったりしておくことが大切です。災害のときにはたすけあいが大きな力になります。日ごろから近所の方々とのおつきあいを大切にしましょう。

1 大地震による被害

〈関東大震災〉

マグニチュード7.9の大地震が関東地方を襲いました。お昼時（午前11時58分）に起こったため、火災が多く、東京では全家屋の70％、横浜では60％が焼失しました。
写真提供：東京消防庁

〈東日本大震災〉

2011年3月11日、東北地方から関東地方の太平洋側を巨大地震が襲いました。マグニチュード9.0は日本の観測史上最大でした。この地震と津波によって約1万6000人が亡くなり、福島第一原子力発電所が最悪の原発事故を引き起こしました。
写真提供：オルタナS編集部

2 避難場所を確認する

住んでいる地域の避難場所を知っておくことが大切です。区市町村の防災課に確認しましょう。

徒歩で避難場所まで行ってみましょう。複数のルートを知っておくとよいでしょう。

家族の集合場所を決めておきましょう。

3 防災グッズを用意しておく

毎年9月1日の防災の日に中身を確認し、必要に応じて詰め替えをしましょう。

防災グッズはすぐに取り出せる場所に保管しておきましょう。

4 避難訓練をしよう

避難訓練は、いざというときに慌てず、落ち着いて行動できるようにするためのものです。

非常口や非難ルートを確認しましょう。

消火器の使い方をおぼえておきましょう。

5 簡単な応急手当

やけどは水道水などの冷たい水やで冷やします。

止血は清潔な布やガーゼで患部を強く押さえます。

骨折は、痛みの少ない位置で固定します。

アドバイス

応急手当の講習会などの機会があったら、ぜひ参加して学んでおくとよいでしょう。大きな災害のときは、病院などの医療機関が十分に機能しないことが予想されます。そんなときに応急手当を施すことで、ケガ人の痛みを和らげたり、命を救うこともできるかもしれません。

また日常生活においても、子どもがケガをしたり病気のとき、慌てず冷静に対処することができます。人工呼吸や心臓マッサージはむずかしい技術ですが、命に直接かかわることですので、学ぶ機会を見つけて積極的に参加しましょう。

28 敬老の日 ◆9月の第3月曜日

「敬老の日」は、「老人を敬愛し、長寿を祝う」国民の祝日です。つまり、いままで働いてみんなが幸せに暮らせる社会をつくってくれたお年寄りに感謝する日です。もともとは「としよりの日」という名前でしたが、もっとよいよび名を、ということで1966（昭和41）年に「敬老の日」と正式に定められました。以前は9月15日でしたが、いまは9月の第3月曜日です。

敬老の日がこの時期になったのは、①聖徳太子が病人や老人・孤児などを救済する施設「悲田院」を創設したのが9月15日だったから、②親思いの息子が父にお酒を飲ませたいと願ったところ泉から酒が湧いたという「養老の滝」の話を聞いた当時の天皇がその地を訪れたのが9月だったからという2つの説があります。どちらもお年寄りを大切にする心を教えています。

1 長寿のお祝い

還暦（60歳）	赤	新しい暦に還る。赤ちゃんに還るという意味で、赤いずきんや赤いチョッキなどを贈ります。
古稀（70歳）	紫	「人生七十古来稀なり（70歳まで長寿を保つのは稀だった）」ということばからきています。
喜寿（77歳）	紫	「喜」の略字が「㐂」なのでこうよばれています。
傘寿（80歳）	黄	「傘」の略字が「仐」で「八十」に見えることからこうよばれています。
半寿（81歳）	黄	八十一を組み合わせると「半」になることからこうよばれています。
米寿（88歳）	黄	「米」の字が「八」と「十」と「八」からできているため、こうよばれています。
卒寿（90歳）	黄	「卒」の略字が「卆」（「九」と「十」）なのでこうよばれています。
白寿（99歳）	白	「百」から「一」を取ると「白」になるため、こうよばれています。

60歳の還暦に始まり、99歳の白寿まで、健康で長生きできたことを祝うための節目の年齢がいくつかあります。それぞれにめでたさを象徴する色があり、その色を使った品物を贈る習慣もあります。

2 大家族と核家族

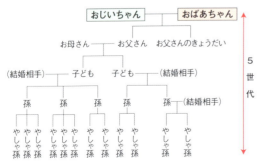

むかしは3〜4世代の大家族で生活する家庭が多くありました。

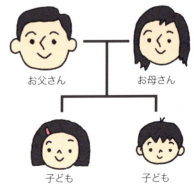

現代の家族の多くは、核家族です。

3 お年寄りに話を聞こう

お年寄りに、子どもだったころの話を聞いてみましょう。そして、いまと違うところ、いまよりよいところ、いまのほうがよいところなどを考えてみましょう。

むかしの自然や町や村の様子

むかしの遊び

むかしの生活

4 感謝の気持ちを表そう

どんなプレゼントでも、おじいちゃん、おばあちゃんを心から思ってつくることが大切です。

手紙を書く。

似顔絵を描いてプレゼントする。

料理をつくってもてなす。

5 少子高齢化

 = 労働力が不足する
若者世代の負担が増加する

日本人の平均寿命が延びていく一方で、出産率が低迷しています。

アドバイス

老人だけの世帯、ひとりぼっちの老人が増えています。これを、日本人の寿命が延びて比較的元気な老人が増えた結果ととらえることもできますが、一緒に住む子や孫がいないという問題は深刻です。

これまで社会のために働いてきたお年寄りに尊敬と感謝の気持ちをもち、老後に安心して暮らせる社会制度をつくりあげることが不可欠です。普段からお年寄りと子どもたちが気軽にふれ合う機会を設け、子どもにもお年寄りにもやさしい社会をつくる努力が必要です。

お月見

◆旧暦8月15日（9月の十五夜）
◆旧暦9月13日（10月の十三夜）

　旧暦の8月15日と9月13日の夜、月にお団子や里芋、豆や栗を供え、ススキを飾って月を眺める行事が「お月見」です。8月と9月の2回おこないます。1回だけおこなうのは「片見月」とか「片月見」といって縁起が悪いとされてきました。旧暦の秋は7、8、9月の3カ月でした。旧暦時代8月は秋の真ん中にあったわけです。7月を初秋、8月を仲秋、9月を晩秋ということから、旧暦8月の満月を「中秋の名月」とよびました。芋を供えるので「芋名月」ともいい、「十五夜」といういい方もします。新暦に移行してからもこのよび方を受け継いで、9月の満月を中秋の名月としています。

　これに対し、旧暦9月13日の夜の月は、「豆名月」「栗名月」「十三夜」「後の名月」とよばれています。

1 月の満ち欠け

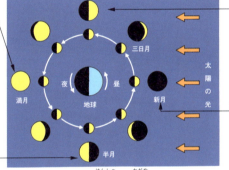

- **満月**
月と太陽が地球をはさんで両側にあるとき、「望」または「満月」といいます。

- **半月（上弦）**
新月を過ぎて、月が太陽の90°東に離れたとき、「上弦」といいます。

- **半月（下弦）**
満月を過ぎて、月が太陽の90°西方にあるとき、「下弦」といいます。

- **新月**
地球から見て太陽と月が同方向にあるとき、月はまったく見えなくなります。これを「朔」または「新月」といいます。

月は太陽からの光を反射して輝いているため、太陽と地球、そして月の位置関係によって、その見え方も変わってきます。

2 旧暦8月の月の出と満ち欠け

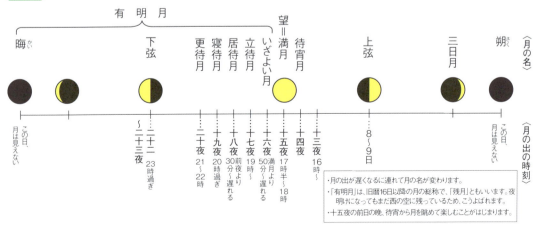

- 月の出が遅くなるに連れて月の名が変わります。
- 「有明月」は、旧暦16日以降の月の総称で、「残月」ともいいます。夜明けになってもまだ西の空に残っているため、こうよばれます。
- 十五夜の前日の晩、待宵月を眺めて楽しむことがはじまります。

3 お月見のお供え物

- はぎ ・すすき ・くず ・なでしこ ・おみなえし ・ふじばかま ・ききょう
- 秋の七草
- 里芋
- 月見団子
三方の上に白紙を敷いてお供えします。

旧暦8月のお月見には、里芋の煮ころがしか、皮のまま蒸した「衣被」をお供えすることから、「芋名月」ともよばれます。そのほか、柿やなし、ぶどう、栗などをお供えします。稲作地帯では稲の初穂を三方にのせます。お月見が、収穫祭の性格をもつ行事であることがよくわかります。

4 月の模様

月面には、明暗の模様、斑点が見えます。日本では、うさぎが餅をついているように見えるというのが一般的ですが、世界にはそれぞれユニークな見方があり、そこにはさまざまな物語が伝えられています。

ロバ　ワニ　本を読むおばあさん

餅をつくうさぎ　女の人の横顔　ハサミがひとつのカニ　ほえるライオン　木をかつぐ人　泣き顔の男

5 むかし話「月のうさぎ」

ある日、老人に姿を変えた帝釈天（仏教を守護する天上界の王）が、うさぎ、さる、きつねの住む山の中へやってきて、食べ物が欲しいといいました。さるときつねは、すばやく木の実や魚を採ってきてさしあげましたが、うさぎはうろうろするだけで、老人をもてなすことができません。

やがてうさぎは火を焚き、「どうぞわたしの肉を食べてください」といって、炎の中へ身を投じました。帝釈天はたいそうあわれんで、うさぎを抱いて天上に昇り、月のお宮にまつりました。この日から月の中にうさぎが見えるようになったといいます。

30 赤い羽根共同募金

◆ 10月1日～12月31日

　赤い羽根でおなじみの「共同募金」は、世界45以上の国や地域でおこなわれているたすけあい運動です。1913年にアメリカではじめられました。日本では、戦後まもない1947（昭和22）年にスタートしました。シンボルである赤い羽根は、第2回の運動から使われています。

　集められたお金は、みんなが安心して暮らせる地域社会をつくるための活動をおこなっている全国の社会福祉施設や社会福祉団体、ボランティア団体に配分されます。

　一般募金の実施期間は毎年10月～12月で、12月中は「歳末たすけあい募金」とあわせておこなっています。この期間外でもさまざまな寄付金を取り扱っています。

1 赤い羽根

　赤い羽根は、中世ヨーロッパでは「真の騎士」を表し、アメリカ先住民のあいだでは「勇者のシンボル」とされていました。また、むかしの中国では、「地域福祉に貢献した公務員」のみ身に着けることができるものでした。

　共同募金のシンボルになったのは、1948年ごろのアメリカにおいてです。当時は赤く染めた水鳥の羽根を使っていましたが、これをヒントに、日本でも不要になったニワトリの羽根を使うようになりました。

2 ボランティアが支える募金活動

　赤い羽根共同募金に協力している人は、みんなボランティアです。「安心して暮らせる地域社会にしたい」「福祉を応援したい」と願う人たちによって支えられています。学校の校外活動としてもおこなわれています。

3 募金活動への参加のしかた

学校や町で募金に協力する。

街頭募金に、ボランティアとして参加する。

共同募金の使い道や、地域のたすけあい運動について調べる。

4 ありがとう、赤い羽根！

集まった募金は、私たちが住んでいる地域で使われています。

お年寄りの介護サービスのために。

目の不自由な人のための盲導犬の育成のために。

5 「歳末たすけあい」と「海外たすけあい」

「歳末たすけあい」は、1951（昭和26）年から「NHK歳末たすけあい」としてはじまりました。募金は国内の援助を必要とする人や福祉施設などに配分されます。

一方、「海外たすけあい」は、1983（昭和58）年にテレビ放送開始30周年、および国際赤十字誕生120周年の記念事業としてはじまりました。日本赤十字社が義援金の受け付けを担当し、募金は国際援助事業のために使われます。募金活動は両方とも12月に実施されます。

31 体育の日 ◆10月の第2月曜日

「体育の日」は、1964（昭和39）年に開催された東京オリンピックの開会式の日、10月10日を記念して「スポーツにしたしみ、健康な心身をつちかう」日として国民の祝日に制定されました。この日は一年間でもっとも晴れる確率が高いとされています。

2000（平成12）年からは「ハッピーマンデー法」の適用によって、体育の日は10月の第2月曜日になりました。この日には各地で運動会がおこなわれます。初めての運動会は、1874（明治7）年に海軍兵学校でおこなわれたもので、1907（明治40）年前後に現代のような形になったといわれています。江戸時代、藩の学校では剣術、弓術、馬術などが教えられていました。

1 体育の日の由来

1964（昭和39）年10月10日、東京の国立競技場で第18回夏季オリンピック競技大会の開会式がおこなわれました。

Photo by Gett /AFLO

日本が獲得したメダルは、金16個、銀5個、銅8個。なかでも「東洋の魔女」といわれた女子バレーボールの活躍ぶりには、日本中が感動しました。

2 運動会

1874（明治7）年、東京大学予備門のイギリス人英語教師ストレンジの指導で、海軍兵学校でおこなった「競闘遊戯会」が運動会のはじまりといわれています。その後、初代文部大臣の森有礼が学校での運動会を奨励しました。

赤組・白組などの色別にチームをつくり、競い合う形が一般的です。

この日、日本では運動会や体育祭が多く開かれています。

3 運動会のいま、むかし

かつて運動会といえば、地域全体のお祭りのような行事でした。村や町の対抗リレーもありました。

最近では平日に開催するなど、お祭りムードは少なくなりました。

4 国民体育大会

「国民体育大会」は、わが国最大の国民スポーツの祭典として、1946（昭和21）年から毎年開催されています。

この大会は、1961（昭和36）年から、国のスポーツ振興法に定める行事のひとつとして、日本体育協会、文部科学省、開催地都道府県の三者共催でおこなわれるようになりました。

5 古代オリンピックと近代オリンピック

1896（明治29）年にはじまった近代オリンピックの前身は、古代ギリシャでおこなわれていた古代オリンピックです。当時からすでに4年周期で開催され、参加資格はギリシャの市民権をもつ者、競技は裸でおこなわれていました。女性の参加は認められず、観戦すらできませんでした。

この古代オリンピックは1169年間続き、393年に幕を閉じました。そして1896年、フランスのクーベルタン男爵の提唱によって復活し、現在まで続く近代オリンピックとなるのです。

オリンピック発祥の地オリンピアで、鏡を使って火をおこし、聖火を点火します。

32 亥の子

◆旧暦10月亥の日
◆新暦10月10日（または11月10日）

　旧暦10月の亥の日に、餅やぼたもちを食べる習慣がありました。いまでも西日本を中心におこなわれていますが、かつては日本各地、東京近辺でもおこなわれていました。平安時代から伝わる伝統ある祝いの行事でした。

　この日に食べる餅を「亥の子餅」とよび、この日におこなう祭りを「亥の日の祝い」「亥の子餅の祝い」「玄猪」などといいます。

　猪は、1年のうちに12頭の子を産むといわれるほど多産です。その猪にあやかって、亥の月（旧暦の10月は亥月）の亥の日に餅を食べて、子孫繁栄と冬の寒さに向かって無病息災を祈願したのが、平安時代の宮中のこの日の祭りでした。

　旧暦10月10日におこなわれていたため、この行事を「十日夜」とよぶ地方もあります。

1 子孫繁栄を願う

猪は、1年に12頭の子どもを産むといわれるほど多産です。

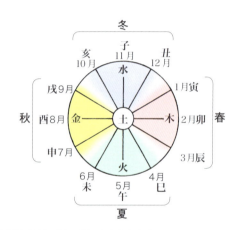

旧暦10月は、「亥の月」にあたります。

2 亥の子餅

●武家の玄猪の祝い
平安時代に宮廷行事としておこなわれていた亥の子の祝いは、室町時代になって武家の年中行事となり、江戸時代には庶民のあいだにも定着していきました。

笹間良彦著『復元　江戸生活図鑑』（柏書房）より。

●亥の子餅の供え方
江戸時代の年中行事の解説書『日本歳時記』には、大豆、小豆、大角豆、ゴマ、栗、柿、砂糖の7種の粉を混ぜ、猪の子の形につくった「ぼたもち」を供えたと書かれています。

3 亥の子搗き

　亥の日の祝いは、農村部では秋の収穫祭と結びつきました。子どもたちが藁を縄で巻いて棒状にしたもので土を打って歩く行事が特色です。「亥の子搗き」または「地搗き」とよばれます。この行事は、稲、畑のものもすべて収穫をすませたこの時期に、土を搗いて土地の精霊に活力を与えようとするまじないです。たたくときの唱え言は土地によってさまざまで、埼玉県秩父地方ではつぎのように唱えました。

　　十日夜　十日夜　十日夜の藁鉄砲
　　大豆も小豆も　よくみのれ

4 餅、団子、ぼた餅配り

新米でつくった団子やぼた餅を重箱に入れ、菊を添えて家々で互いに贈り合いました。

家々に配ってまわるのは子どもの役目でした。

5 炉開き

江戸時代には、亥の月の亥の日から火を使いはじめると安全だといわれ、囲炉裏や掘りごたつに火を入れました。これを「炉開き」「炬燵開き」といいます。

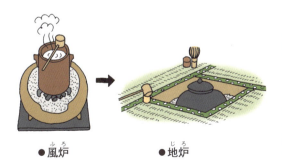

●風炉　　●地炉

茶の湯の世界では、この日に風炉を片づけて地炉を開きます。これを「炉開き」とよび、茶の新年として祝います。いまでは11月半ばから下旬におこないます。

33 読書週間 ◆10月27日～11月9日

　読書週間は、戦後まもない1947（昭和22）年にはじまりました。「読書の力によって、平和な文化国家をつくろう」という目的で、出版社や書店、図書館、報道機関などが団結し、第1回読書週間を開催したことがはじまりです。初年度は1週間でしたが、このときの反響が大きかったため、翌年からは10月27日から2週間の行事になりました。

　現在では国民的な行事となり、1955（昭和30）年以来、毎年「青少年読書感想文全国コンクール」も開催されています。1959（昭和34）年には「こどもの読書週間」がはじまりました。こどもの日をはさむ5月1日～14日の2週間でしたが、2000（平成12）年の「子ども読書年」を機に、4月23日～5月12日の3週間となり、4月23日が「子ども読書の日」になりました。

1 朝の10分間読書

　1時間目の授業がはじまる前におこなわれる10分間読書は、1988（昭和63）年に千葉県の女子高校ではじめられました。「自ら学ぶ力」を育てることを目的としたこの朝の読書タイムは、2002（平成14）年に文部科学大臣の推奨を受け、全国の小・中学校で広く導入されています。

● 10分間読書のルール

2 読書の効用

語彙がゆたかになり、表現力が広がります。

落ち着きや集中力が養われます。

人の気持ちがわかるようになります。

3 地域の図書館へ行ってみよう

図書館では、子ども向けの催しがたくさんおこなわれます。参加してみましょう。

● おはなし会　　　　　● 紙芝居　　　　　● 人形劇

4 読み聞かせ

〈読み手〉
父　母　先生
おじいちゃん　おばあちゃん　地域の人　ボランティア

〈聞き手〉
子ども　お年寄り　視覚障害者　大人

読み聞かせに決まった形はありません。読み手も聞き手も楽しむことが大切です。

5 本を読む環境づくり

家にも本を置こう。

大人も読もう。

> **アドバイス**
>
> 　乳幼児期からよい絵本を読み聞かせてもらった子どもは、目の輝きが違うといわれます。語彙が豊富になるので表現力がつくのはもちろん、人の話をよく聞ける子どもが多いようです。
> 　これは、本を読んでもらったときの気持ちよい感情が基盤にあるためでしょう。人の話を聞くことは自分にとって気持ちのよいことだ、という観念が育っているのではないでしょうか。
> 　読み聞かせとは、子どものことばの発達のためだけにおこなうものではなく、読み手も聞き手も心地よく感じることで、ゆたかな感情を育むためのものなのです。

34 文化の日 ◆ 11月3日

　「文化の日」は1948（昭和23）年に制定された国民の祝日で、「自由と平和を愛し、文化をすすめる」日という意味があります。1946（昭和21）年11月3日に公布された日本国憲法を記念して定められたため、日本国憲法の前文にある国際平和主義、主権在民、民主主義の三原則を基盤とした趣旨をもっています。

　この日、11月3日は明治天皇の誕生日だったため、以前は「明治節」とよばれていました。しかし、「文化の日」の制定は、明治節とはまったく関係ないものとされています。

　文化の日には、科学や芸術など、文化の発展に偉大な功績のあった人に文化勲章が授与されます。文化勲章は1937（昭和12）年に制定され、戦後の1948（昭和23）年から「文化の日」に授与されるようになりました。

1 文化にふれよう

　「文化の日」には、さまざまな文化施設が無料開放されています。ふだん行かない文化施設にも足を運んでみましょう。ただし、マナーを守って鑑賞することが大事です。

● 博物館

● 美術館

● 科学館

● 音楽会

2 文化勲章と秋の芸術祭

　文化勲章は、1937（昭和12）年の文化勲章令で制定されました。

　文化の日を中心に、文化庁主催の芸術祭が開かれます。

文化勲章

秋の芸術祭

3 地域や学校の文化祭

●演劇の会

●生花の会

芸術や伝統、生活など、さまざまな分野のイベントが開かれます。

●学校の文化祭

文化の日のころに文化祭を開く学校もたくさんあります。

4 身近な科学の産物

科学の進歩により、便利な道具がつぎつぎに生まれています。しかし、使い方を間違えると、大きな社会問題にもなりますので、注意が必要です。

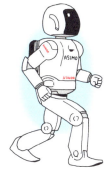
●ロボット

ロボット技術の発展はめざましく、かなり人間に近づいています。

5 文化を伝える

＊一汁二菜の例

食器の並べ方も大切な日本文化のひとつです。ただしい並べ方、食べ方をマスターしましょう。

アドバイス

　文化の日には、芸術や科学にふれると同時に、身近なところから日本の文化を見直してみましょう。たとえば食文化。いまの子どもは箸の使い方がとても下手になっています。以前は外国の人が日本人の箸使いの器用さに驚いたものですが、最近では日本食ブームの影響もあり、日本人よりずっと箸使いの上手な外国人がいます。茶碗や汁椀、箸や箸置きの並べ方、食べ方、調理法、食材なども生活に密着した大切な日本の文化です。しっかりとつぎの世代に継承していきたいものです。

35 七五三

◆ 11月15日

　「七五三」は、3歳、5歳、7歳という成長の節目の年に氏神や近くの神社にお参りし、無事に成長できたことを感謝しつつ、末長い幸福を祈る通過儀礼のひとつです。もとは、宮中の行事で、2歳から9歳の間に、髪型と衣服を年齢に応じたものに改める儀式でした。

　東京を中心とした庶民層に広まったのは昭和10年代に入ってからのことです。それ以前は、「七五三」という名称も一般的ではなく、七歳を中心とする「年祝い」がおこなわれていました。

　11月15日におこなわれるのは、収穫を祝う「霜月祭り」の日に合わせたという説や、徳川綱吉の子、徳松の祝いをこの日に行ったからという説、一陽来復の吉日だからなどの諸説があります。

　いまではあまり日にちにこだわることなく、11月中の都合のよい日におこなわれています。

1 背守り

　ひとむかし前、乳幼児は、病気や事故に見舞われやすく、いつあの世に引き戻されてしまうかわからない、あやうい存在だと考えられていました。乳幼児は、大人の着物と異なり、布1枚で胴（身頃）を仕立てた背縫いのない着物（「一つ身」）を着ているため、背中から病魔や災いが入り込むと考えられていました。これらを防ぐためのお守りが「背守り」です。

●一つ身
1枚の布で身頃を仕立てているため、背中に縫い目がありません。

2 背守りの種類

●くくり猿の背守り
布に綿を入れてつくった猿のぬいぐるみ。魔除けの身代わり猿です。

●結び目の背守り

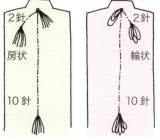

〈男児の背守り〉　〈女児の背守り〉

●糸縫目の背守り

・蝶　　・ひょうたん

・三番叟
能の「翁」に登場。縁起物とされています。

・大黒さま
裏が迷子札になっていました。

●押し絵の背守り

3 三つ身祝い

　3歳ごろを目安に、子どもの着物は一つ身から背縫いのある着物に代わります。こうして、「背中から魔がさす」という恐怖からひとまず解放されるのが3歳の祝いでした。

　この時期に着る着物は、子どもの身長の3倍の布で仕立てることから「三つ身」とよばれています。現在でも3歳の男女の祝いを「三つ身祝い」といっているのはこのためです。

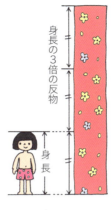

●三つ身

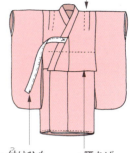

・肩あげ
手の長さに合わせて、ゆき（袖の長さ）を調節します。

・付けひも
4～5cmの幅の付けひもを付けます。

・腰あげ
身長に合わせて着丈を調節します。

4 3歳祝い着の着付け

・ぞうり
脱げたりしないように、鼻緒にゴムひもでバックバンドを付けるとよいでしょう。

・長着
お宮参りに着せた着物を振り袖に仕立て直してもよいでしょう。

・被布
長着の上に重ねて着る袖なしのコートです。これがあれば帯を省略することができるので着付けも簡単です。

5 袴着の祝い

　男児5歳の祝いを「袴着の祝い」といいます。これは子どもに初めて袴を着けるお祝いの儀式で、古く平安時代からおこなわれています。当時は、女性も袴を着けていたため、男女ともにこの儀式をおこなっていましたが、現在では男児のみの祝いとなっています。

　古い儀式では、子どもを碁盤の上に立たせ、恵方（その年の福徳をつかさどる歳徳神のいる方向）を向かせて袴を着けました。

●男児の祝い着
黒地にタカやかぶと、宝づくしなどの模様が入った五つ紋の羽織に仙台平の袴が正式です。最近では水色や緑などの明るい色の着物も増えています。

6 5歳祝い着の着付け

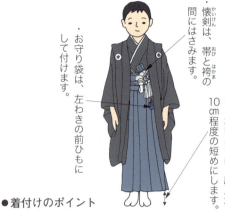
●着付けのポイント

- お守り袋は、左わきの前ひもにして付けます。
- 懐剣は、帯と袴の間にはさみます。
- 袴のすそを踏んで転んだりしないように、床上がり10cm程度の短めにします。

・ぞうり
畳表に白皮の鼻緒のぞうりが正式です。

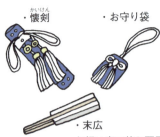
・懐剣　・お守り袋　・末広
末広：お祝い事で使う扇子です。

●男児用の小物類
ぞうり、小物3点。お守り袋と懐剣の袋は、袴と共布のものを選びます。

7 帯解きの祝い

　女児7歳の祝いを「帯解きの祝い」といいます。
　女児が7歳を迎えると、それまで着物に付けていた付けひもを取って、初めて大人とおなじ本式の帯を結んだことから、このようによばれます。「帯直し」「ひも落とし」ともいいます。
　本来の趣旨を考えますと、7歳の祝い着を着るときには、帯を正式に結ぶべきなのでしょうが、現在では簡単に付けることができ、付けていて圧迫感もなく、着崩れしにくい付け帯にも人気があります。

・帯揚げ　・帯締め　・付け帯（胴に巻く前帯と結び帯の二部式のタイプの付け帯が簡単で人気があります。）　・しごき（しごき帯）

●女児7歳の祝い着
祝い着は大きめに仕立て、成長にしたがって肩あげ、腰あげでゆき、丈を調節します。

8 7歳祝い着の着付け

●着付けのポイント

- 筥迫は胸元にはさみ、匂い袋は帯揚げの内側に入れます。
- 末広は、帯と帯板の間にはさみます。

・ぞうりとバッグ
金銀、紅白を基調にした豪華な錦織りのセットです。

・筥迫
江戸時代の女性がたしなみとして懐にはさんでもった箱形の紙入れ。お懐紙や懐中鏡などを入れ、外に匂い袋を付けます。

・筥迫　・末広

●女児用の小物類

9 着崩れを防ぎ、疲れないためのコツ

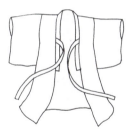 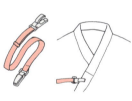  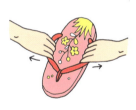

子どもはじっとしているのが苦手です。長襦袢、長着にひもを付けると、手早く着付けることができ、着崩れもしにくくなります。

着脱式のベルトもあります。一方で下衿をはさみ、ぐるりと背中にまわし、もう一方で上衿をはさみます。

体を締めつけられていると、子どもはすぐに疲れてしまいます。あまり締めつけないように、結び目がコブにならないように結びます。

ぞうりは、はく前にしっかりと鼻緒をゆるめて、足になじむようにしておきます。新しい履きものを使いはじめるのは午前中、夜はいけないといわれています。

10 千歳飴

　千歳飴は、七五三のお祝いの縁起物です。米を発酵させてつくった水飴に寒天を加え、太陽と風にさらしてつくった細長い棒状の飴です。松竹梅や鶴亀などのめでたい絵が描かれた袋に入っています。

　「千歳」とは「千年」の意味で、長寿を意味するめでたいことばです。能の「翁」に登場する「千歳」は、天と海の媒介者として、天と海の働きを融合させ、世界に豊饒をもたらす神とされています。

11 お祝いの行事

両親、祖父母とともに寺社にお参りし、破魔矢や守り札を受けます。

お祝いをいただいた方々に千歳飴を配ります。

家族で食事会をします。

36 勤労感謝の日 ◆11月23日

「勤労感謝の日」は、「勤労をたっとび、生産を祝い、国民たがいに感謝しあう」日という趣旨で1948（昭和23）年に定められた国民の祝日です。

以前は「新嘗祭」（「しんじょうさい」とも）といい、収穫を祝い、感謝する日でした。新嘗とは、その年に収穫された穀物のことで、もともとは、天皇が新穀を供え、自ら食してその年の収穫に感謝するという宮中儀式のひとつです。現在でも宮中と伊勢神宮では11月23日に新嘗祭をおこなっています。

アメリカにも、収穫に感謝するという意味をもつ「サンクスギビングデー」という行事があります。これは11月の第4木曜日で、この日は仕事を休んで、家族と七面鳥を焼いたり、かぼちゃの料理をつくったりしてお祝いをしています。

1 新嘗祭

11月23日に、天皇がその年に収穫した五穀（米・麦・あわ・豆・きび）を供えて神を祭り、自らもこれを食べて、その年の収穫に感謝する儀式です。飛鳥時代にはじめられたと伝えられています。新嘗祭は伊勢神宮とその関連の神社でおこなわれています。

2 サンクスギビングデー

「感謝祭」と訳されています。1620年イギリスの清教徒が、イギリス国教会の迫害から逃れ「メイフラワー号」で米国に到着しました。上陸当時100人ほどいた人びとは、寒さや飢えでつぎつぎに死に、1年後には半数になってしまいました。生き残った人びとが、秋の収穫のときに教会に集まり、会食して収穫を喜び、神に感謝を捧げたのが、この日の起源です。

3 働いている人に感謝しよう

私たちが安全で快適な暮らしを送ることができるのは、働いている人びとのおかげです。感謝の気持ちをことばで表しましょう。

バスを降りるとき、運転手さんに

スーパーで会計をしてもらうとき、レジ係の人に

食事の前に、農家の人、漁業で働く人、お料理をつくってくれた人に

4 自分にできる仕事をやろう

家事のお手伝いは、子どもにとってもっとも身近な仕事です。

ボランティア活動に参加してみましょう。

係や当番の仕事を、積極的に引き受けましょう。

5 将来の夢を描く

大きくなったらなにになりたいか考えてみましょう。夢や目標をもつことが大事です。

自分がなりたい職業が、実際にどんな仕事か、そのおもしろさも大変さも含めて調べてみましょう。

どうしたら自分の夢をかなえることができるか考え、計画を立てて実行してみましょう。

37 大師講 ◆11月23日〜24日

　11月23日の夜から24日にかけて、各家で「大師」または「お大師」とよばれる高僧（徳の高い僧）をまつる行事です。小豆粥・団子・大根などを神棚や仏壇にお供えして祝います。

　行事の由来は、むかし話として各地に伝えられています。どの話も、貧しげな僧や病人を手厚くもてなした人間が幸福を授かった、という内容です。旧暦11月23日は冬至に近く、太陽の力の回復が期待される時期でした。また、満月を基準として、月の形がちょうど半分になる夜でもありました。この夜、人びとはひとつの家に食べ物をもちよって、世間話をしたり村の問題を相談したりして月の出を待ちました。こうした村の行事から、尊い旅人（神）が年に1度村々を回り、新しい生命力を与えるという話が生まれたのです。

1 冬至

　冬至は毎年12月22日ごろで、この日は1年のうちで太陽の高さがもっとも低くなるため、北半球では昼がもっとも短く、夜がもっとも長くなります。

　この日を境に、しだいに太陽の光と熱が増してくることから、古来、冬至は1年の終わりであると同時に、はじまりの日として神聖視されてきました。

　冬至の日には、風邪を引かないように冬至カボチャを食べたり、ゆず湯に入る風習があります。

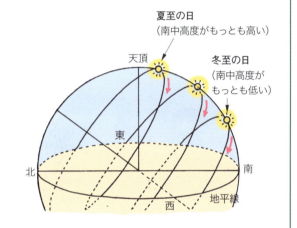

●季節による太陽の通り道

2 霜月粥

11月23日〜24日には「霜月粥」、または「大師粥」とよばれる粥を炊く風習があります。塩を入れず、小豆や団子を入れた粥です。

ある年の11月24日、塩も買えない貧しい機織りの女の家に旅の僧（実は弘法大師）が訪れました。女は有り合わせの小豆粥でもてなして御利益を授かったことから、この日に塩を入れない小豆粥を炊いてお大師さまをまつるようになった、といういい伝えがあります。

3 あとかくしの雪

ある年の11月23日の晩、巡礼の坊さん（実は弘法大師）に宿を貸した貧しいおばあさんが、もてなしに困り、よその田んぼの畔から稲束を盗んで団子をこしらえたところ、心を痛めた坊さんが、雪の上の足跡を消すために「あとかくしの雪」を降らせた、といういい伝えがあります。

この話を伝える地方では、11月23日に、「大師講団子」とよばれる団子入り小豆粥をつくり、お大師さまに供えて、自分たちも食べます。またその地方で、このころに決まって起こる雪嵐を「大師講荒れ」とか「団子荒れ」とよんでいます。

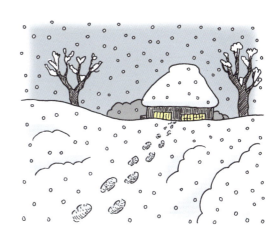

4 お大師さまの年取り

・小豆粥　・香の物

・けの汁
野菜や山菜を細かくきざんで味噌またはしょう油仕立ての汁で煮込んだもの。

11月24日は、子どもの多いお大師さまが、ほかの神さまより少し先に年を取る日だといわれています。ダイシという名前は、もともと尊い皇子を意味するオオイコ（大子）をいい、神の子という意味を表していたといわれています。

お大師さまに萱でつくった長い箸を添えて、小豆粥、けの汁をお供えし、自分たちも食べる地方があります。長い箸を添えるのは、子だくさんのお大師がたくさんの子に早く食べさせるためだといいます。

5 天つ神のお宿伝説

むかし、御祖神さまが国々をめぐられ、ある年の11月、富士山で一夜を過ごそうと思われました。富士山は「きょうは新嘗の祭りだから知らない人は内に入れない」といって断りました。

困った神さまが常陸（茨城県）の筑波山を訪ねると、筑波山は、御祖神さまをお泊めしないわけにはいかないと、たいそうなご馳走でもてなしました。神さまはとても喜んで、筑波山が春も秋も青々と茂り、お参りに来る人が多い山になることを約束しました。

御祖神さまに真心をつくさなかった罰で、富士山は雪が多く、人の近づきがたい山になってしまいました。

神のご利益で筑波山は緑ゆたかな楽しい山になりました。

38 正月始め ◆12月13日

　12月13日は「正月始め」「正月おこし」「すす払い節句」とよばれ、年神さまをお迎えするための準備をはじめる大切な日とされています。

　暮れの大掃除は、押し詰まったころに都合のよい日を選んでおこなうのがふつうです。ただでさえあわただしい年末に、日ごろは省略しているところまできれいにしようとするのですから、家族総出でおこなっても、文字通り「ネコの手も借りたい」ほどのいそがしさです。

　12月13日を「正月始め」の日と決め、まずその年の厄を祓い清めるためにすす払い（いまでいう大掃除）をおこない、この日から年末まで、しめ縄づくりやもちつきなどの正月を迎える準備を、計画的におこなったむかしの人の知恵はさすがです。この日にすす払いをするならわしは、多くの地方で残っています。

1 すす払いの順序

すす払いは、神棚、仏壇、床の間、炊事場といった神聖な場所からはじめるとされています。

2 かまどの神さま

●三宝荒神

藤井正雄監修『仏教「早わかり」事典』（日本文芸社）より。

いろりやかまどで煮炊きした時代には、食べ物が清浄であるためには、火が清浄でなければならないと考えられていました。台所には「荒神さま」という、不浄を祓い、清浄を好む神さまがまつられていました。

家からかまどがなくなった現在では、台所が神さまの宿る場所という考え方も薄れてきましたが、1年のちりやほこりを掃き清めるしきたりは継承したいものです。

3 すす払いの仕方

●払う
部屋の上のほうからほこりを払っていきます。

●掃く
落ちたほこり、ゴミを集めます。畳や床を掃くときは、茶がらを使うとほこりがたちません。緑茶なら数日間、清涼な香りの効果もあります。

●拭く
ぞうきんは4、5枚用意し、順番に使います。全部使い切ったらすすいで繰り返します。最後に乾拭きします。

4 年賀状を書く

遅くともこのころには年賀状も書きはじめます。

〈表〉 相手の住所② / あて名① / 敬称 / 自分の住所④ / 自分の名前③

文字の大きさは①②③④の順に、大→小になるように書きます。

〈裏〉 あけましておめでとうございます。/ 新年のあいさつ / 伝えたいこと、新年の抱負などを書きます。/ 元日 / 月日

5 十二支の読み方と順番

乳児の象形
甲 → 子 → ねずみ

左右に開いた門の象徴
（万物が冬の門から飛び出す意）
卯 → 卯 → うさぎ

年賀状で活躍する12匹の動物「十二支」は、古代中国では自然の営みと農耕生活を象徴する象形文字でした。
のちに十二支の文字それぞれの象形にふさわしい身近な動物があてられました。ねずみなのに「子」、うさぎなのに「卯」、さるなのに「申」といった書き方をするのはこのためです。「十二支」は、暦やさまざまな習慣とともに日本にもたらされました。

39 クリスマス ◆12月25日

クリスマスはキリストの誕生「聖誕」を祝う祭りです。「Christmas」はラテン語の「クリストゥス・ミサ」の略で、文字通り「キリストの礼拝」を意味しています。また「Xmas」と書くばあいの「X」は、ギリシャ語「Xristos（油を注がれた者の意味）」の頭文字で、救世主・キリストを意味します。

クリスマスは12月25日におこなわれますが、聖書にはキリストの誕生日についての具体的な記述がないため、誕生日がいつなのかはわかっていません。

12月25日が誕生日とされた由来は諸説ありますが、古代ローマ時代の冬至の日におこなわれていた「太陽神の誕生祭」や「農耕神への収穫祭」が、のちのイエス・キリストの聖誕祭と結びついたとされる説が有力です。

1 イエス・キリストの誕生

いまから2000年以上むかし、パレスチナのナザレという町に住むマリアという娘のもとに天使が現れ、神の子をみごもるだろうと知らせました。お腹の大きくなったマリアは、夫のヨセフとともにベツレヘムという町まで長旅に出ます。ベツレヘムでは宿屋が空いていなかったので、ふたりは貧しい馬小屋に泊まり、イエスはその馬小屋で生まれました。

夜空には、神の子の誕生を知らせる大きな星が輝き、それに導かれて東の国から3人の博士が捧げ物をもってやってきました。

2 クリスマス・イブ

クリスマスの前の日の夜、教会ではミサ（礼拝）がおこなわれます。家族そろってイエス・キリストの誕生をお祝いするため、歌を歌い、お祈りを捧げます。

日本では、信仰に関係なく、家族やカップルがイベントとして楽しみます。24日のイブにパーティやディナーをおこなうばあいが多いようです。

3 クリスマスのならわし

12月に入ると、各家庭ではクリスマスツリーやクリスマスリースを飾ります。

親しい人にクリスマスカードを送ります。

クリスマスを指折り数えて待ちます。12月25日の4週間前の日曜日から24日までをアドベントといいます。

4 クリスマスプレゼント

クリスマス・イブにサンタクロースが子どもたちにプレゼントをもってくる、といういい伝えがあります。

サンタクロースはプレゼントをクリスマスツリーの下や、くつ下の中に置いていきます。

5 サンタクロースの起源

　4世紀ごろ活動したキリスト教司教、聖ニコラウスの名前がなまってサンタクロースになったとされています。

　ある日ニコラウスが、貧しくて娘を嫁に出せない家があるのを知り、その家の窓に金貨を投げたところ、暖炉のそばに干してあったくつ下に入った、といういい伝えから、つるしたくつ下にプレゼントを入れる風習が生まれたといわれています。

　ちなみに日本で初めてサンタクロースが現れたのは1874（明治7）年のことです。

40 大晦日（おおみそか）

◆ 12月31日

　1年の終わりの日を「大晦日」といい、その日の夜を「年越し」といいます。年越しは、旧年と新年の境を越えること、大晦日から元日にかけての時間、という意味のほかに、新年を迎えるためにおこなう年越しの行事、という意味もあります。

　大晦日は正月祭りの前日です。お祭りの前夜に、神社で夜を明かすという風習がありますが、この前夜祭にあたるものが大晦日の夜です。神社やお寺にこもって夜を明かしたり、年神さまをお迎えするために、家族全員で起きていたりしました。

　大晦日の夜は「除夜」ともいわれます。除夜は、古い年が押しのけられる夜という意味で、お寺では人間のもつ百八つの煩悩を取り除くために鐘を108回つきます。

1 年籠り

　以前は、一家の主人や若い男たちは、大晦日の夕方にお寺や神社に参詣し、元旦を迎えました。これを「年籠り」といいます。

2 除夜詣と初詣

●除夜詣
年籠りはしだいに簡略化され、夜がふけてから参詣し、除夜の鐘を聞いてから帰るようになりました。

●初詣
年籠りはさらに簡略化され、元日の朝早く、社寺に詣でる初詣になりました。

3 除夜の鐘

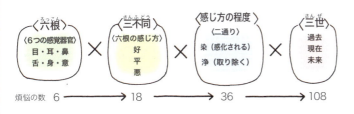

　大晦日の晩（除夜）、お寺では人間の百八つの煩悩を追放するために鐘を108回つきます。「煩悩」とは、人間の心を煩わし、身を悩ませるすべての迷いや欲望のことです。107回目は「最後の宣命」といい、ゆく年の最後の鐘です。108回目は「最初の警策」といい、新年の最初に、煩悩にまどわされないようにつかれます。

4 大晦日の晩ご飯

　正月祭りの前夜祭なので、「ハレ（晴れ）」の食事、つまりお祝いの正式な食事です。全国的にそばやうどんを食べるならわしがありますが、古くから、大晦日の夜は必ず白米のご飯を食べるというならわしがあります。また、ご飯とともに魚を欠くことのできないものとしている地方も多くあります。古来、日本人の食生活の中で魚が米についで大事な食物だったことがわかります。

ハレの食事はまず、家族そろって膳につくことからはじまります。

5 年取り魚

むかしから、年越し（年取り）の晩には魚を食べるならわしがあります。この魚を「年取り魚」といいます。一般的に東日本はサケ、西日本はブリが用いられます。

お歳暮に新巻鮭や塩ブリが贈られるのは、年取り魚を食べる習慣に由来します。

6 年越しそば

年越しそばの風習は江戸時代に定着しましたが、その由来は諸説あります。一説によれば、鎌倉時代に博多の商人が、貧しくて年を越せない人びとに「世直しそば」といってそばもちをふるまったところ、翌年から人びとに運が向いてきたことからはじまったといわれます。

そばはタデ科の一年草です。実をひいてそば粉にし、そばやそばがき、お菓子をつくります。寒冷地でも荒地でも育ち、成育期間が短い（約75日）こともあり、むかしから凶作に備える作物として栽培されてきました。

むかしから、そば粉を湯で練ったそばがき（そばもち）として食べられてきました。いまは、日常食であるとともに、ハレの日の食べ物として祝い事、年越し、祭りのときにも食べられています。

7 そばの食べ方いろいろ

● ざるそば
薬味のネギは「労ぐ（心をやわらげる）」あるいは「禰宜（神職）」と音が通じることから、今年の汚れを祓いぬぐって心安らかに新年を迎えようという縁起物です。

● てんぷら

● 玉子とじ

● しっぽく
大根やにんじんなどの野菜やかまぼこが入っています。

8 御霊の飯

年越しの晩に炊いたご飯で12個の握り飯をつくり、それに箸を立てて年神棚や床の間、仏壇にお供えする風習が東日本の各地でおこなわれていました。どの地方でもこれを「御霊の飯」とよんでいることから、正月には盆とおなじように先祖の霊も帰ってくると考えられていることがわかります。

正月が盆とともに日本の家庭のふたつの大きな祭りであるといわれるのはこのためです。

宮本常一著『ふるさとの生活』（講談社学術文庫）より。

● 昭和10年代、秋田県の御霊の飯
12個の握り飯のそれぞれに箸を立て、床の間や年神棚にお供えし、先祖霊をまつります。

9 年取り話

　大晦日は、正月の神さまを迎えるために眠らないで一晩中起きていなければならないとされていました。この日ばかりは子どもも夜更かしが許されますが、子どもなのでどうしても眠くなってしまいます。

　そこで、おじいさん、おばあさんたちがいろいろ工夫をして、おもしろいむかし話を語って聞かせていました。こういう年越しの晩のむかし話を「年取り話」とよんでいます。有名な「笠地蔵」の話は、年取り話を代表するものです。

10 笠地蔵

　年越しの日、貧しいおじいさんが、すげの笠を売りに町に出かけましたが、ひとつも売れません。がっかりして帰る途中、雪の中に吹きさらしで立つお地蔵さまを見て気の毒に思ったおじいさんは、笠をみんなお地蔵さまにかぶせて帰りました。

　夜中、外でなにやら物音がします。表を見ると、笠をかぶったお地蔵さまが、空のそりを引いて帰っていくところでした。軒下には、たくさんの食べ物が積み上げられていました。おかげでよいお正月を迎えることができたということです。

神社の参拝の作法

「二礼二拍手一礼」が正式な参拝の作法です。出雲大社は「二礼四拍手一礼」です。

神前に立ったら姿勢を正します。

お賽銭を入れて鈴を鳴らし、二礼します。

拍手を二度打ち、最後にもう一度礼をします。

〈年中行事についての参考文献〉
『飲食事典』本山荻舟／平凡社
『年中行事を「科学」する』永田久／日本経済新聞社
『日本のしきたり』飯倉晴武／青春出版社
『現代家庭の年中行事』井上忠司／講談社
『日本の行事料理』タイムライフ
『正月はなぜめでたいか』岩井宏實／大月書店
『植物と行事』湯浅浩史／朝日新聞社
『歳時の博物誌』五十嵐謙吉／平凡社
『「図説」江戸時代食生活事典』日本風俗史学会編／雄山閣

第2部
行事食編

① お食い初め

◆誕生後3ヵ月目ごろ
- 離乳食のお粥
- タイご飯
- にんじんORSスープ

一生、食べ物に困らないように、との願いを込めて。

昔のお食い初め
お膳2つに新しい食器や箸

行事のいわれ

生まれてから3ヵ月、元気に育ったことをお祝いして

　古い時代から伝わる正式な儀式としての「お食い初め」は、「箸初め」とか「箸揃」などともよばれ、男の子は生後120日目、女の子は生後110日目に行うと伝えられています。しかし、いまでは100～120日目に行うのがふつうです。

　赤ちゃんが神さまに守られて健康に育ち、無事にこの日を迎えられて、食べ物を口にすることができるようになったことを、お祝いします。

　伝統的なお食い初めでは、箸、茶碗、お椀など、すべて新しく用意して、お膳も一の膳、二の膳と二つのお膳を用意します。

　一の膳にはタイなど尾頭つきの焼き魚、お赤飯、すまし汁、梅干し、そして赤ちゃんの名前を書いた小石を添えます。

　二の膳には紅白のお餅を添えるのが本格的な「お食い初め」とされています。

　梅干しには、シワができるまでじょうぶに長生きしてほしい、という願いが込められています。また、小石にはかたいものがかめる強い歯になるようにという、歯固めの意味があります。小石は氏神さまの境内から拾ってきたものを使い、お食い初めが済んだあとで、その石を拾ってきた神社に納めます。

　最近では、お食い初めに、お膳の代わりにベビーラックを使い、食器は離乳食用のものを使うこともあります。

　お料理を用意しても、赤ちゃんはほんとうはまだ食べることができません。食べるまねだけさせて、お食い初めを終えます。

　ここでは、現代風にアレンジしたメニューを紹介します。おうちの人と一緒にお料理をつくって、新しい家族の成長をお祝いしましょう。

●離乳食のお粥

〈材料〉（2人分）

米	1/2カップ
水	3カップ

〈注意〉ふつう計量カップは200ccですが、炊飯器に付いているカップは180ccが多いようです。ご飯を炊くときは同じカップで米と水の量を量りましょう。

〈使う道具〉

行平鍋、または土鍋。

お母さんのお乳から離れて、最初の食べ物です。日本の子どもには、やっぱりお米を食べてほしいですね。お粥は家庭にある道具で簡単にできます。炊飯器でもかまいませんが、底がまるくて深い、お粥用の行平鍋がおすすめ。

◆行平鍋

お粥は「行平（雪平）鍋」でつくると、やわらかくふっくら仕上がります。よくアルミの小さい鍋を行平鍋として売っていますが、ほんとうの行平鍋は焼き物でできています。平安時代に在原行平（818年〜893年）という人が、海水を煮つめて塩をつくる「塩焼き」に使ったので「行平鍋」といわれています。

① 米を洗って鍋に入れ、水を加えて、そのまま30分おく。

② ふたをして鍋を中火にかけ、沸騰したら弱火にする。このときふたは少しずらす。

米が動くくらいの温度がちょうどいい。

③ ふたをしてから、30分ほど弱火で炊いたらできあがり。

◆お粥の種類

お粥は、米と水の量の違いで、それぞれ名前がつけられています。

「全粥」（米1対水5）、7分粥（1対7）、5分粥（1対10）、3分粥（1対20）。

全粥が一番、米の形が残っているお粥で、3分粥になるとほとんど米の形はありません。3分粥の上ずみの汁を「重湯」といいます。離乳食をはじめたばかりの赤ちゃんや、ちゃんとしたご飯を食べられない病気の人向きです。

ふつうのお粥は、米1に水6か7です。

●タイご飯

〈材料〉（4人分）
- タイの切り身（上身）……… 240g
- 米 …………………………… 2カップ
- Ⓐ 昆布だし ………………… 2カップ
  - 塩 ……………………… 小さじ1/2
  - しょう油 ……………… 大さじ2
  - 酒 ……………………… 1/4カップ
- 青ねぎ ……………………… 少々
- 山いも（薄切り）………… 100g

日本のお祝いの日には、鮮やかな赤い色のタイ（鯛）がよく登場します。赤ちゃんはまだご飯は食べられませんが、ご家族みんながお祝いするためのご飯です。土鍋で炊くとおいしいおこげができます。

〈使う道具〉
包丁、まな板、土鍋、ざる、ボウル、ピーラー、しゃもじ、菜ばし。

◆昆布だし
鍋に2カップの水と、はがき大のだし昆布を1枚入れ、ふたをして弱火にかける。沸騰する直前に昆布を引き出す。

＊長く煮過ぎると、だし汁がくどくなることがある。

① 土鍋に、洗って15～30分水につけた米と材料のⒶを入れ、ふたをして最初は強火で、沸騰したら火を弱めて、じっくり炊き上げる。

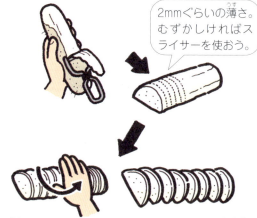

2mmぐらいの薄さ。むずかしければスライサーを使おう。

② ご飯を炊いているあいだに、タイと山いもを準備する。山いもは皮をむき、タテ半分にしてかまぼこ形に切る。薄切りにして図のように波状に並べておく。

おさしみ用のサクにして売っているタイが便利。

③ タイを薄いそぎ身づくりにして、これも波状に並べておく。炊き上がったご飯の上に山いもとタイをのせて、20分ほど蒸らす。

④ 大きめの茶碗に盛りつけ、小口切りにした青ねぎをちらす。

●にんじんORSスープ（オーアールエス）

〈材料〉（4人分）
- にんじん……………… 500g
- 塩……………………… 3g
- 水……………………… 1リットル

〈うらごしにんじんがあれば〉
- うらごしにんじん……… 1カップ
- 水……………………… 2カップ

ORS(Oral Rehydration Solution)とは医学用語で「経口補液（けいこうほえき）」と訳されています。下痢（げり）をしたときなどにからだのミネラルバランスをととのえるように開発（かいはつ）されたものです。自然の食べ物で「経口補液」に一番近いのがこのスープです。

〈使う道具〉
包丁（ほうちょう）、まな板、ピーラー、鍋、お玉、ミキサー。

① にんじんは皮（かわ）をむいてヘタを取り、薄切りにする。

② 鍋に水と塩を入れ、沸騰したらにんじんを入れ、水が半分ぐらいになるまで煮（に）る。

③ やわらかく煮えたら、にんじんを取り出してミキサーにかけ、なめらかになったらできあがり。

◆うらごしにんじんを使うばあい

鍋にうらごしにんじん1カップと水2カップを入れ、塩3gを加えて煮る。少なくとも15分は弱火で煮てとろりとしたらできあがり。

② 1歳のお誕生日

◆生まれた日のお祝い
- お赤飯
- フライドチキン
- ごまブラマンジェ

無事に育った感謝と、将来の幸せを願って。

「力餅」を背負わせる風習も

行事のいわれ

昔、満1歳の誕生日は、とても大切な儀式でした。

　お誕生日の中でも、満1歳を迎える「初誕生祝い」には特別な意味があります。昔は親戚一同が集まって盛大なお祝いをしました。

　地域によっては「力餅」とよばれる1升（約1.8リットル）のお餅をついて、子どもに背負わせたりします。1升餅の重さは約2kgもありますから、1歳の子どもにはとても背負えません。子どもは嫌がって泣き出しますが、その泣き声が大きければ大きいほど、元気な子どもに育つと信じられていました。とても背負って歩けないこのお餅のことを、「ぶっころばし餅」とよぶ地方もあります。

　ちょっと乱暴な風習ですが、早くひとり歩きができるように、という願いが込められているのです。

　伝統的なお誕生日は、お赤飯と尾頭つきのタイが主役ですが、いまではすっかりバースデーケーキに取って代わられました。ろうそくを1本立てたバースデーケーキの前で撮った家族の記念写真は一生の宝物です。遠くに住むおじいちゃんおばあちゃんにとっても、楽しみな贈り物です。無事に1歳になった報告をかねて贈りましょう。

　家族のお誕生日は特別な日です。いつもは帰りの遅いお父さんに、この日だけは早く帰ってくることを義務づけている家庭も少なくないようです。

　成長するにしたがって、一回一回のお誕生日が思い出深いものになっていきます。小学生になったら、自分でつくったおもてなし料理でお友だちを招待すれば、きっと格別なお誕生日になることでしょう。

●お赤飯

もち米を使って小豆で赤い色をつけたお赤飯は、お祝いのときには欠かせないご飯です。お赤飯以外にも、もち米を使っていろいろなご飯ができます。もち米を使ったご飯のことを「お強」といいます。

〈材料〉（6人分）

もち米	3カップ
小豆	1/3カップ
塩	小さじ1
水＋小豆のゆで汁	米が肩を出すくらいの水加減（約2カップ）
ごま塩	少々

＊もち米：お赤飯やお餅に使うねばりけのある米。毎日のご飯で食べる米は「うるち米」という。

〈使う道具〉
炊飯器、鍋、ざる、ボウル、しゃもじ。

① もち米をよく洗い、少なくとも1時間以上水につけておく。

② 鍋に小豆を入れ、水4カップを入れて煮る。小豆のシワがのびて、プックリとふくらみ、茶色の汁が出るまで煮る。

③ 小豆が煮えたら、ざるとボウルを重ね、鍋の小豆をあけ、小豆とゆで汁に分ける。ゆで汁は色つけに使うので捨てないこと。
　（小豆をあんこにするときは再度水を入れ、やわらかくなるまで煮る。137ページの「ぜんざい」参照）

④ 炊飯器に、水切りしたもち米と約2カップの小豆のゆで汁を入れる（もし、足りないときは水をたす）。小豆と塩を加えて炊く。茶碗に盛りつけてから、黒ごまを適量ふる。

●フライドチキン

お誕生日のパーティーに、お店に負けない味のフライドチキンはいかがでしょう。冷えてからも、カリッ、サクッと食べられる、上新粉を使った一味違うフライドチキンをつくってみましょう。

〈材料〉（4人分）
鶏肉（もも）……2枚（600g程度）
卵（Mサイズ）……2個
上新粉……100g
A［しょう油……小さじ4
　　酒……小さじ2
　　しょうが汁……小さじ1］
揚げ油……適量

＊上新粉：うるち米を粉にしたもの。

〈使う道具〉
ポリ袋、フライ鍋、揚げバット、揚げあみ、包丁、まな板、菜ばし（2）、おろしがね、ハサミ。
＊揚げ物をするときは、必ず大人の人と一緒に。

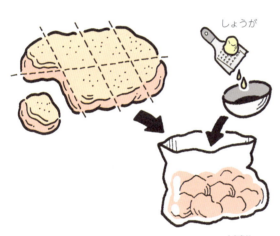

① 鶏肉はブツ切りにし、ポリ袋に入れる。下味としてⒶをからめつける。

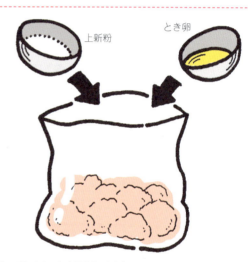

② ①の鶏肉に上新粉をまぶしつけ、とき卵を全体につけてなじませる。

ポリ袋をハサミで切り開く。

③ 160～170℃に熱した揚げ油で、②の鶏肉をゆっくりとカリッときつね色になるまで揚げる。

④ 油を切り、器に盛る。レタス、レモンを添えると豪華になります。

●ごまブラマンジェ

〈材料〉(6コ分)

かんてん	1/2本 (4g)
水	1カップ
牛乳	1カップ
砂糖	1/2カップ
上新粉	大さじ1
ごまペースト(黒または白)	小さじ1

＊ゼラチンはBSEの危険性が可能性としてありますので、使用しないようにしています。
＊かんてん：天草という海藻に含まれる、ねばりけのある成分を煮出して乾燥させたもの。

ブラマンジェとは、白いよせもののこと。ここではごまを使って風味をつけたブラマンジェをつくります。かんてんを使うと、もっちりと弾力があってやわらかく仕上がります。

〈使う道具〉
ボウル、ポリ袋、鍋、木べら、お玉。

① かんてんは、水につけて吸水させる。砂糖と上新粉は、よく混ぜておく。

② 鍋に1カップの水を入れ、水をしぼったかんてんをゆっくりと、煮とかす。とけたらそこに牛乳を加える。

③ 砂糖と上新粉、ごまペーストを入れて、とろみがでるまで温め、器に小分けして冷ます。

④ 冷えて固まったらできあがり。
黒ごまペースト小さじ1とハチミツ大さじ1を混ぜたソースをかけてもおいしい。

③ 成人式（成人の日）

◆20歳になる年の1月第2月曜
- ご飯を炊く
- 手巻寿司

この日から大人の仲間入り、自覚も責任も一人前。

●昔の成人式「元服」
髪形・着物・名前まで大人用に変える。

行事のいわれ

昔は13歳ぐらいから大人として扱われました。

　いまの日本では、18歳になると選挙権が得られ、20歳になるとお酒を飲んだりタバコを吸うことができるようになります。しかしその分、大人としての義務も果たさなければなりませんし、責任も大きくなります。

　成人の日は1948年に1月15日として制定されましたが、その後"国民の祝日に関する法律"が変わり、2000年からは1月の第2月曜日になりました。

　成人式のはじまりは、昔「元服」とよばれた公家や武家のならわしです。男の子は、13～15歳になると元服して髪型や服装を大人のものに変え、この日から大人と同じ扱いをされました。このときの儀式がいまの成人式の原型です。13～15歳といえばいまの中学生ですから、昔はずいぶん早くから大人の仲間入りをしていたわけです。

　また、昔の武家社会では、大人になると名前も変わりました。童名とよばれる子どもの名前から大人の名前になり、烏帽子をかぶるようになります。源義経が子どものころ牛若丸という童名だったことは知っていますね。

　さて、元服のときの伝統的な料理はというと、とくに決まったものはなく、お酒をくみかわすだけで特別な料理は出なかったという話もあります。

　平安時代に紫式部が書いた小説『源氏物語』には、主人公の光源氏が元服のとき、「屯食」とよばれていた握り飯がふるまわれたことが記されています。しかし、このころはお祝いの日にはいつでも屯食が出されていましたから、"お握り"が元服のときの食べ物ということでもないようです。

　そうはいっても、人生に1度のこの日、特別なお料理とともに親しい人たちと、記憶に残る成人式にしたいものですね。

● ご飯を炊く

和食の基本はやはりご飯。どんなときにもご飯があれば安心です。いつでもおいしいご飯が炊けるようになったら、自立の第一歩ですね。

〈材料〉（4人分）

米	2カップ
水	2カップ半

＊水加減は新米なら少なめに、古米のばあいは多めにします。

〈注意〉ふつう計量カップは200ccですが、炊飯器に付いているカップは180ccもあるようです。ご飯を炊くときは同じカップで米と水の量を量りましょう。

〈使う道具〉
炊飯器、ざる、ボウル、しゃもじ。

① ボウルに米を入れて、たっぷり水を入れる。最初の水は、さっと手早く洗っただけで捨てる。最初の水には、ぬか（精米したときに出る米の皮）が含まれるので、米がその水を吸うとまずくなる。

「手のひらでやさしく押してね。」

② 米をとぐ。米粒同士がこすれ合うようにとぐと、すじに入り込んだぬかも取れる。「洗ってとぐ」を3〜4回くり返す。

③ 水加減をしてから、米に水を吸わせる。洗ってすぐ炊かないで、最低10分はつけておく。吸水が悪いとご飯に芯ができることもある。

④ 炊飯器で炊く。炊き上がったら上下むらなく混ぜて10分から20分蒸らす。2回以上に分けて茶碗にふわっとよそう。

●手巻寿司

集まる人数がわからなくても安心なのが手巻寿司。寿司飯とのりさえ用意すれば、あとは好きな材料を巻きこむだけ。みんなで中身を持ち寄って、和製「ポットラックパーティー」もいいですね。

◆寿司飯をつくる

〈材料〉（6人分）

米	3カップ
水	3カップ
酒	大さじ1と1/2
塩	小さじ1
昆布	1枚（はがき大）
〈合わせ酢〉	
酢	大さじ6
砂糖	大さじ6

〈使う道具〉

半切り、ざる、ボウル（小）、しゃもじ、ふきん、キッチンペーパー、包丁、まな板、小しゃもじ、炊飯器。

① 米は炊く30分前には洗って吸水させる。小さいボウルで酢と砂糖を混ぜ"合わせ酢"をつくっておく。炊飯器に酒、塩、昆布を入れ、ご飯を炊く。

② 炊き上がって10分おいてからご飯を半切りに移し、合わせ酢を全体にゆきわたるように混ぜる。このとき、ご飯がつぶれないように、しゃもじで切るようにして混ぜる。

ご飯は広げたままにしておくと、乾いてしまうの。

③ 酢を合わせ終わったら、片側によせ、固くしぼった濡れふきんをかけておく。

◆寿司飯の量

米3カップで約1.3kgの寿司飯ができます。寿司飯は巻寿司やいなり寿司などに応用できます。

いなり寿司なら1個あたり30g。細巻き寿司は1本約100g。太巻き寿司は1本200g強の寿司飯でつくれます。

1.3kgの寿司飯ですと、6本の太巻き寿司がつくれる計算になります。

◆手巻寿司をつくる

〈材料〉（6人分）

焼きのり（1/4に切る）
〈寿司ネタ〉
　さしみ用マグロ、カンパチ、イカのどう、甘エビ、赤貝、みる貝、いくら、うに、だし巻卵、たくあん、山ごぼうの味噌漬け、山いも、キュウリ、アボカド、グリーンアスパラ、あさつき、貝割大根、青じそ、など。
　わさび……少々

＊ネタ：ネタとは「種（タネ）」をさかさまにしてつくられたことば。

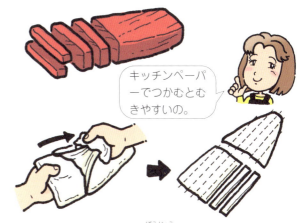

① マグロ、カンパチは棒状に切り、イカは図のように皮をむいて細く切る。

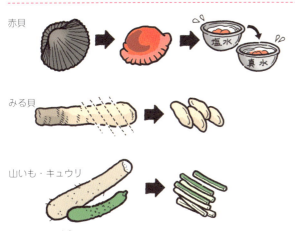

② 赤貝は殻から身をはずしたら、塩水で洗ってさらに真水で洗い、水気を切る。みる貝は食べやすい大きさに切る。山いも、キュウリは細切りに。

◆アボカドのむき方
タネのまわりに包丁を入れる。
グリッとまわすと半分になる。
タネは包丁のカドをあてて取る。
皮がむけたら薄切りに。
厚い皮は、手でバリッとむける。

③ アボカドは皮をむいて薄切りにする。

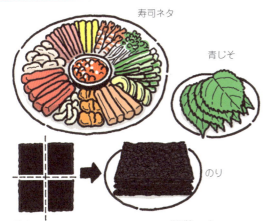

④ 寿司ネタは取りやすいように大皿に盛りつける。焼きのりは4等分にし、重ねて小皿に盛る。青じそは寿司ネタとは別に小皿に盛っておく。

③ のりに寿司飯をのせ、お好みでネタやわさびや青じそを取り合わせ、コーンの形に手でくるりと巻いて食べる。

◆1月1日
- お雑煮（関東風・京風）
- お節料理
  きんとん、田作り、七福神なます、松風焼き
- タイの浜焼き

④正月

年のはじめに、無事にこの日を迎えられる感謝と、一年の健康と安全を祈る。

行事のいわれ

お節料理は、もっとも代表的な日本食です。

　ずっと昔から、日本人はお正月を大切にしてきました。元旦には年の神さまが初日の出とともに現れると信じられ、きちんとお迎えしないと災いをもたらす禍神がやってきて、その年が不幸になるといわれてきました。門松やしめ飾りには神さまをお迎えするという大切な意味があったのです。

　年の神さまをおもてなしする料理がお節料理です。鏡餅はお供えのひとつ、神さまへのお供え物を分けてもらう習慣が、お年玉のはじまりです。

　お正月に欠かせないお節料理ですが、もともとはお正月だけのものではありませんでした。旧暦で季節の変わり目を「節供（節句）」といい、その日神さまにお供えした料理が、「お節料理」でした。節供のなかでもお正月がもっとも重要であるということから、お節料理はしだいにお正月に限られるようになりました。

　元日の朝早くに、最初にくむ水を「若水」といいます。若水はできるだけ遠くにくみに行くほど縁起がよいとされ、くみに行く途中で知っている人に会っても、絶対にことばを交わしてはいけないとされていました。

　くんできた若水をそのまま飲んだり、若水でお雑煮をつくって食べたりすれば、一年の邪気を払うと信じられてきました。

　ふだんの食事はほとんど洋食でも、お正月だけは和食という家庭も多いはずです。この時期、年末年始にかけては、主婦にとってもっともいそがしい時期です。ゆったりと家族そろってお正月を迎えるためにも、お正月の準備は家族で手分けして行いたいものです。

●すまし雑煮（関東風）

〈材料〉（4人分）
- 鶏肉（もも）……………150g
- 大根………………………40g
- にんじん…………………20g
- 生しいたけ（小）…………4個
- かまぼこ……………………4枚
- 切り餅………………………4個
- みつば………………………6本
- だし汁…………3と1/2カップ
- 塩……………………小さじ1
- しょう油……………………大さじ

"お雑煮"はそれぞれの地域によってさまざまです。お餅の形も丸いものや四角いものなどいろいろ。風土が育てた年のはじめの食事です。工夫して、自分のおうちのお雑煮をつくってみましょう。

〈使う道具〉
オーブントースター、鍋、まな板、包丁、お玉、あみじゃくし、アルミホイル、ホットクッキングシート。

① 材料を切る。みつばは2cmくらいにきざむ。大根、にんじんはたんざく切りに。鶏肉は2cm角くらいに切っておく。

② だし汁で材料（みつば以外）がやわらかくなるまであくを取りながら煮る。くきを取ったしいたけとかまぼこを入れて少し煮る。塩、しょう油を加えてもう少し煮て、火を止める。

オーブントースターの内側に、お餅がくっつかないようにね。

オーブントースターのアミの上にアルミホイルをのせ、その上にホットクッキングシートをのせて焼くとくっつきにくい。

③ 煮ているあいだにお餅を焼く。オーブントースターで焼くと上手に焼ける。

④ 大きめのお椀に焼いたお餅を入れ、煮た材料と汁をそそぎ、きざんでおいたみつばを飾る。

●白味噌雑煮（京風）

〈材料〉（4人分）
- 雑煮大根……………………60g
- 金時（京）にんじん…………20g
- 丸餅…………………………4個
- 白味噌………………………80g
- みつば………………………6本
- だし汁………………………4カップ

すまし汁仕立てで焼いた切り餅の関東風に対して、京風の関西のお雑煮は丸いお餅を焼かずに湯取りします。たっぷりの白味噌の汁でいただきます。

〈使う道具〉
鍋、小鍋、まな板、包丁、ピーラー、お玉、菜ばし、ボウル。

大根やにんじんは丸いことに意味があるので、いちょう切りや半月形には切らないでね。

① 大根とにんじんは皮をむいて薄く輪切りにする。みつばは食べやすい長さに切る。

② 鍋にだし汁とにんじん、大根を入れる。火にかけ、やわらかくなったら火を止める。

お湯につけてやわらかくしたお餅を「湯取り餅」といいます。

③ 材料を煮ているあいだ、別の小鍋にお湯を沸かし、餅を入れてやわらかく煮る。

④ ②の鍋に白味噌をとき入れ、ひと煮立ちさせる。

⑤ お椀に材料と汁をそそぎ、ゆでた餅を入れてみつばを飾る。

●きんとん

〈材料〉
- さつまいも(正味)‥‥‥‥ 300g
- Ⓐ 砂糖‥‥‥‥‥‥ 1/2カップ
  塩‥‥‥‥‥‥‥ 小さじ1/6
- くりのかんろ煮(シロップ漬け・固形量)
  ‥‥‥‥‥‥‥ 100g

お節料理の中の甘味の定番です。さつまいもをなめらかにするには、熱いうちにつぶすこと。色よくするには1度ゆでこぼします。

〈使う道具〉
フードプロセッサー(または、マッシャー)、鍋、まな板、包丁、あみじゃくし、ボウル、木べら、ゴムべら。

① さつまいもは5mmくらいの厚さに皮をむき、2cm角に切る。たっぷりの水につけてあく抜きをする。

② さつまいもをやわらかくなるまで煮る。ゆで上がったら、ゆで汁は捨てる。さつまいもを熱いお湯を入れたボウルに移す。

③ 熱いさつまいもとⒶをフードプロセッサー(またはミキサー)にかける。

③ 別の方法。熱いさつまいもをボウルに入れてつぶし、Ⓐを混ぜる。

④ なめらかになったら、ここでかんろ煮のくりを加えてできあがり。

●田作り

〈材料〉（10人分）
- ごまめ……………………100g
- Ⓐ しょう油………大さじ2と1/2
  - 砂糖……………大さじ2と1/2
  - 水………………大さじ2と1/2
- 酒……………………………大さじ1
- いりごま（白）……………大さじ1

かたくち鰯の干したものを「ごまめ」といいます。昔は田の肥料に干した鰯を使っていました。五万石の豊作を願い、重箱の中に小さな鰯を尾頭つきで入れます。

〈使う道具〉
電子レンジ、フライパン、バット、菜ばし、皿。

① ごまめはバラバラに広げて皿にのせ、電子レンジで2～5分ほど、ようすを見ながら加熱する。乾いてポキッと折れるくらいに。

①の別の方法。
電子レンジがなければフライパンに敷き紙をして、ゆっくりこがさないように加熱する。

② 材料のⒶを火にかけ、小さな泡が立つくらいに加熱し、ごまめを入れる。サッと混ぜ、最後に酒をふりかけて混ぜたら火を止める。

③ バットに広げ、いりごまをふりかけて冷ます。お好みで、しょう油に赤とうがらしを入れてピリリとさせたり、けしの実をふりかけてもよい。

●七福神なます

七福神のように7種類の材料を入れてつくる煮なますです。四国では「ならあえ」ともよびます。一番下の重箱につめます。

〈材料〉(8人分)

大根	250g	〈下味用〉
しらたき	200g	だし汁……大さじ2と1/2
金時(京)にんじん	80g	砂糖……小さじ4
れんこん	50g	しょう油……小さじ4
油揚げ	1枚	〈ドレッシング〉
干ししいたけ	5枚	酢……大さじ4
錦糸卵	卵1個分	砂糖……大さじ3
塩	少々	塩……小さじ1
		いりごま(白)……大さじ3

＊錦糸卵：薄焼き卵をびょうぶだたみにして細切りにする。

〈使う道具〉
鍋、まな板、包丁、ピーラー、菜ばし(2)、ボウル(大・小)。

① 大根と金時にんじんは皮をむき、繊維に沿って5cmの千切りにし、塩少々をふって混ぜる。

＊江戸時代はななめ切りの細切りにしていた。

② 干ししいたけは水でもどして千切り。しらたきは塩でもんで、熱湯にくぐらせ、冷ましてから5cmに切る。れんこんは薄いいちょう切り、油揚げは湯通しして油を抜き、千切りにする。

煮汁が少ないので、かき混ぜながら、いるように。

③ ②を全部鍋に入れ、下味用の調味料で汁気がなくなるまで煮て、冷ます。

ドレッシング材料はあらかじめ混ぜておく。

④ ごまは煎って包丁でたたき、切りごまにする。①の野菜を手で軽くしぼって③の材料と一緒にドレッシングで和える。

薄焼き卵　びょうぶだたみにして切る。

⑤ 盛りつけて上に錦糸卵をのせる。

●松風焼き

〈材料〉（10人分）
- 鶏ひき肉……………………400g
- 卵……………………………1個
- 調味料
  - しょう油…………………大さじ3
  - みりん……………………大さじ2
  - かたくり粉………………大さじ2
  - 砂糖………………………大さじ1
- いりごま（白・黒）……各大さじ2
- 青のり……………………大さじ1

お節には焼き物も入れます。ここでつくる松風焼きは、ひき肉の半量に、先に火を通しておくので、焼きちぢまずにきれいにできあがります。

〈使う道具〉
鍋（またはフライパン）、オーブン、フードプロセッサー（またはすり鉢）、まな板、包丁、クッキングシート、ゴムべら、くろもじ（ようじ）、菜ばし。

① 鶏ひき肉の半量を鍋（またはフライパン）に入れ、水大さじ2を加えて煎り煮する。色が変わったら火からおろす。

② フードプロセッサーに①と残りのひき肉、卵、調味料を加えて15秒ほど混ぜる（またはすり鉢でする）。

③ オーブンの天板にクッキングシートを敷き、②を流し入れて、まわりを1.5cmずつ残してゴムべらで平らに広げる。

④ 表面を3等分して、それぞれ、青のり、白ごま、黒ごまをふる。

⑤ オーブンで焼く（200℃で約20分）。あら熱が取れてから扇形に切り、くろもじ（ようじ）をさしてできあがり。

＊**あら熱を取る**：あつあつの状態から扱いやすい温度まで冷ますこと。

●タイの浜焼き

〈材料〉（4人分）
- タイ（ウロコつき）………1尾（1kg）
- 卵………………………………1個
- あら塩（並）……………………2kg

タイの浜焼きは塩でくるんで焼くので、ヒレがこげずに中までしっかり火を通すことができます。お正月など、おめでたい席に縁起物として飾るタイを"睨み鯛"といいます。

〈使う道具〉
まな板、包丁、大きな紙（新聞紙、和紙など）、熱でとけないひも（たこ糸など）、きりふき。

① タイはウロコを取らずに、盛りつけたときにうらになる側に包丁を入れて腹わたを取る。切り口からお腹の中に生卵を押し込む。

うら側というのはお腹が手前で頭が右を向く状態よ。

卵を入れるのは、焼くときにお腹がペチャンコにならないように。卵も食べられます。

② 新聞紙の上に塩1kgをのせ、タイを置く。その上に残りの塩1kgをかけてタイをうめる。

胸ビレの付け根に塩を入れて立てる。

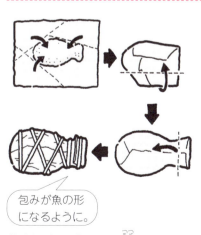

③ 新聞紙できっちり包んで、たこ糸できつく結ぶ。

包みが魚の形になるように。

④ 天板にななめにのせて、きりふきで水をかける。オーブンの下段（200℃）で約1時間焼く。

オーブンの壁に新聞紙がくっつかないように。

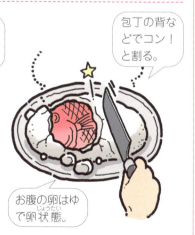

⑤ 焼けたら2時間くらいオーブンにおいてから包みをほどき、塩を割って取り出す。

包丁の背などでコン！と割る。

お腹の卵はゆで卵状態。

⑤ 七草

◆1月7日
- 七草粥
- あられ七草粉粥
- 七草の菜飯

ごちそうがいっぱいのお正月に、がんばった胃を休める。

◎春の七草：せり、なずな、ごぎょう、はこべら、ほとけのざ、すずな、すずしろ

行事のいわれ

健康と豊作を祈る昔からのならわしです。

　春の七草は「せり なずな ごぎょう はこべら ほとけのざ すずな すずしろ これぞ七草」という歌にある通りの7種類。

　七草粥の風習は平安時代に中国から伝わって来ました。そのころは「こめ あわ きび ひえ みの ごま あずき」の7種類の穀物をお粥に炊いたものでした。いまのような七草になったのは、鎌倉時代からとされています。

　正月6日の夜にヒイラギなどの、とげのある木の枝や、カニのハサミのようなとがったものを戸口にはさんで邪気を払い、「七草たたき」といって、うたいながら七草を包丁でたたきます。

　♪七草なずな、唐土の鳥が、日本の土地へ渡らぬ先に

　「唐土の鳥」というのは大陸から飛んでくる、人を食うといわれているあやしい鳥で、この歌はその鳥が日本に渡ってこないように追い払うという意味です。もちろんこれは、まったくの迷信です。しかし昔は、食べ物が足りなくなる冬になると、渡り鳥をつかまえて食べて、中毒を起こす人がたくさんいたそうですから、まったく根拠がないわけではありませんでした。また、作物を荒らす悪い鳥を追い払って、豊作を祈る気持ちもあったようです。

　炊き上げたお粥は7日の朝、年の神さまに供えてから家族で食べると「万病を払う」とされています。どうしても食べ過ぎてしまう、ごちそうがいっぱいのお正月に、つかれた胃を休めるという知恵からはじまったという説もあります。

　都会では自然の七草は手に入りにくくなりましたが、スーパーで「七草セット」として売られています。

●七草粥

〈材料〉(4人分)

米	1カップ
水	6カップ
塩	少々
七草	30g
(または春菊などの青菜)	
＊好みでごま油	少々

お正月が明けた7日の朝、七草を入れたお粥を食べます。七草粥は、お腹を休めることと同時に、この一年を無事に過ごせるようにという、祈りの意味もある一品です。

〈使う道具〉
鍋、小鍋、まな板、包丁、お玉。

① 米は洗って鍋に入れ、水を加えてふたをし、30分そのままにしておく。

② 鍋を中火にかける。沸騰したら火を弱め、ふきこぼれないようにふたを少しずらして、約40分炊く。

③ お粥を炊いているあいだに七草を細かくきざみ、サッと塩ゆでにする。春菊を使うばあいにもサッとゆでて冷ましてから切る。

④ 炊き上がったお粥に、きゅっとしぼった七草をちらす。塩を少々加え、お好みでかくし味のごま油を一滴たらして混ぜる。

●あられ七草粉粥

〈材料〉（4人分）
- A ┌ 上新粉‥‥‥‥‥‥‥1カップ
     └ 水‥‥‥‥‥‥‥‥‥5カップ
- 豆腐‥‥‥‥‥‥‥‥1丁（300g）
- 塩‥‥‥‥‥‥‥‥‥‥小さじ1
- ごま‥‥‥‥‥‥‥‥‥小さじ4
- 七草‥‥‥‥‥‥‥‥‥500g

＊上新粉：うるち米を粉にしたもの。

上新粉と豆腐でつくる、米を使わないお粥です。本来は水につけておいた米をすりつぶして、粉粥をつくります。

〈使う道具〉
鍋、まな板、包丁、お玉、木べら、菜ばし。

① 豆腐は、5mm角のみじん切りにするか、手でつぶす。

② 七草は、ゆでてしぼり、小さくきざんでおく。

こげつきそうになったら、鍋を火から下ろしてかき混ぜればだいじょうぶ。

③ 鍋にⒶを入れ、よくかき混ぜてから火にかけ、ゆっくりと混ぜながらとろみをつける。

豆腐は、塩を入れたあとで加えてね。

お好みで、梅干しや漬け物を添えてもおいしいですよ。

④ とろみがついて半透明になったら、塩、ごまを入れ、最後に豆腐を加えて混ぜる。器によそったら、七草をのせてできあがり。

●七草の菜飯

〈材料〉(4人分)

米	3カップ
水	3.5カップ
塩（お粥用）	小さじ1
だし昆布	はがき1/2大
七草	100g
塩（七草用）	小さじ1/2

七草を使って、菜飯をつくってみましょう。お粥では物足りない人も、これなら満腹です。

七草の日以外にも、カブや大根の葉を使ってつくれます。

〈使う道具〉
炊飯器、鍋、まな板、包丁。

① 米をよく洗い、やや少なめの水加減にする。昆布を入れて、30～40分そのままにしておく。

② ①に塩を加えてよく混ぜ、ふつうに炊く。水が沸騰してブクブクしはじめたら、昆布を取り出す。

③ 七草は色よくゆで、みじん切りにする。塩をふって混ぜたら、固くしぼってからほぐしておく。

④ 炊き上がったご飯は15分ほど蒸らし、③の七草を混ぜてできあがり。

⑥ 鏡開き(かがみびらき)

◆1月11日

● ぜんざい（お汁粉(しるこ)）

鏡餅(かがみもち)は刃物(はもの)で切らずに、手や小づちを使って割(わ)る。

刃ものを使わず小づちなどで割る。

行事のいわれ

平和(へいわ)な江戸時代(えどじだい)から、鏡開(かがみびら)きはお汁粉(しるこ)になりました。

　東京の講道館(こうどうかん)で行われる鏡開きは新聞やテレビでニュースにもなりますから、柔道(じゅうどう)や剣道(けんどう)を習(なら)っている人以外でもごぞんじでしょう。道場(どうじょう)に飾(かざ)られた特大の鏡餅でつくったお汁粉を、寒稽古(かんげいこ)が終わったあと全員で食べる習慣(しゅうかん)がいまでも残っています。

　鏡開きでは、神さまが刃物(はもの)を嫌(きら)うということから、包丁などを使わずに手や小づちで小さく割(わ)ってお汁粉やお雑煮(ぞうに)にします。

　江戸時代のはじめ、鏡開きは1月20日に行われていましたが、1651年の4月20日に、徳川(とくがわ)三代将軍(しょうぐんいえみつ)家光が亡くなったため、月が違っていても将軍が亡くなった日と同じ20日では縁起(えんぎ)が悪いということから、商家(しょうか)のあいだで行われていた蔵開(くらびら)きと同じ、11日に改(あらた)められたといわれています。

　お餅は鏡の象徴(しょうちょう)とされていて、「鏡は女性の命」とされていたことから、庶民のあいだでは鏡開きの日は女性の祝日の意味もありました。それに対して武家(ぶけ)では「鎧餅(よろいもち)」、あるいは「具足餅(ぐそくもち)」として祝(いわ)ったことが伝えられています。

　町人(ちょうにん)のあいだではお汁粉に入れて食べるのが一般的(いっぱんてき)でしたが、武士にとって、煮(に)ると皮が破れる小豆(あずき)は切腹(せっぷく)に通じるということから縁起が悪いとされ、お汁粉ではなく、形が弓矢(ゆみや)の矢じりに似ているカブを使って、お雑煮をつくりました。

　しかし、江戸時代といえば260年にもわたって戦(いくさ)とは縁(えん)がなかった平和な時代です。武士の風習(ふうしゅう)はいつの間にか忘れられて、やがて、女性や子どもが大好きなお汁粉が一般的になりました。

●ぜんざい

〈材料〉（4人分）
- 小豆 ………………… 1カップ
- A { 砂糖 ……………… 1/2カップ
     塩 ………………… ひとつまみ }
- 水 …………………… 4カップ×2
- 餅 …………………… 4個

甘い小豆あんをゆるめて、餅や白玉を入れたもの。粒のあるのがぜんざい、なめらかなこしあんでつくったものがお汁粉です。

〈使う道具〉
オーブントースター、鍋、ざる、木べら、お玉、アルミホイル、ホットクッキングシート。

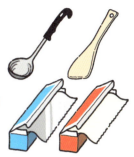

① 鍋に小豆を入れ、水4カップを入れて小豆のシワがのびてふくらみ、茶色の汁が出るまで煮る。それを1度洗い流して同量の水を入れ、もう1度煮る。2〜3度くり返す（渋切りという）。

② 餅を焼く。オーブントースターやテフロンのフライパンにホットクッキングシートを敷くと上手に焼ける。

塩けのあるものと一緒に食べると、より甘みがひきたちます。

③ 小豆がやわらかくなったら、Ⓐを入れ、ぜんざいの濃さになるように水を加えてさっと煮る。お椀に餅を入れ、汁をそそぐ。塩昆布などを添えていただく。

●ごま汁粉

〈材料〉（4人分）
- ごまペースト ………… 50g
- 牛乳 ………………… 2カップ
- 砂糖 ………………… 50g
- 生麩 ………………… 8片
- かたくり粉 ………… 大さじ1
- 水 …………………… 大さじ1
- 黒ごま ……………… 少々

小豆を使わないごまのお汁粉です。生麩を使っていますが、お餅でもおいしくいただけます。

① ごまペーストに、牛乳、砂糖、水ときかたくり粉を混ぜ弱火にかける。
② 木べらでこげないように混ぜながらとろみをつける。
③ 生麩はお湯につけやわらかくして器に盛る。
④ そこに②のごま汁をはり、黒ごまをちらす。

⑦ 小正月（こしょうがつ）

◆1月15日

- 小豆粥（あずきがゆ）

男の正月の「大正月（おおしょうがつ）」に対して、女の正月「小正月」がある。

行事のいわれ

「どんど焼（や）き」で書き初（ぞ）めを燃（も）やすと字が上手（じょうず）になる。

　元日（がんじつ）を中心としたお正月は「大正月（おおしょうがつ）」あるいは、年男が活躍（かつやく）するために「男の正月」とよばれていました。それに対して1月15日（厳密（げんみつ）には14日の日没（にちぼつ）から15日の日没まで）を「小正月（こしょうがつ）」といいます。大昔（おおむかし）の日本では、「月」を暦（こよみ）の基準（きじゅん）にしていて、新月の日から満月を経て次の新月の日までを1カ月としていました。昔の人は満月をめでたいものの象徴（しょうちょう）として大切にしていましたから、一年で最初の満月の日を「正月」にしていたのです。これが「小正月」として、いまに伝えられています。

　また小正月は、お嫁（よめ）さんが里帰（さとがえ）りしたり、大正月にいそがしく働（はたら）いていた女性たちも一休みできるので、「女正月」ともいわれています。

　小正月は豊作（ほうさく）を占（うらな）ったり、邪気（じゃき）を払（はら）うなど、大正月とはまた違（ちが）う行事（ぎょうじ）が中心です。小正月の代表的な行事には、豊作をお祈（いの）りする「繭玉飾（まゆだまかざ）り」や、門松（かどまつ）やしめ飾りなどのお正月飾りを神社の境内（けいだい）で燃やす「どんど焼き」などがあります。

　「どんど焼き」は、正式名（せいしきめい）を「左義長（さぎちょう）」といい、もともとは平安時代の宮中（きゅうちゅう）の儀式（ぎしき）でした。初めは悪霊（あくりょう）払いでしたが、やがて正月にやってきた年の神さまを、天に送り帰す火とされるようになり、この日でお正月は終（お）わりと考えられるようになりました。

　また地方によっては、子どもたちの書き初めを持ちよって「どんど焼き」の火で燃やし、それが高くまい上がるほど、字が上手（じょうず）になるといういい伝えもあります。雪国では雪の中にやぐらを立て、松明（たいまつ）で火をつける行事も残っています。

●小豆粥

〈材料〉（4人分）
小豆‥‥‥‥‥‥‥‥‥‥50g
米‥‥‥‥‥‥‥‥‥‥1カップ
水‥‥‥‥‥‥‥‥‥‥6カップ
塩‥‥‥‥‥‥‥‥‥‥‥少々

小正月（1月15日）には小豆粥を食べる風習があります。小豆の赤い色が邪気を払うと伝えられ、一年を健康に過ごせるといわれています。

〈使う道具〉
鍋、ざる、ボウル、包丁、まな板、お玉。

① 米と小豆はよく水洗いして、水（6カップ）を加えて30分そのままにしておく。

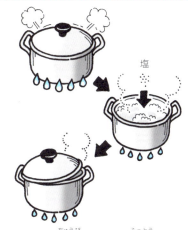

② 鍋にふたをして中火にかけ、沸騰したら塩を少々加え、弱火にする。このとき、ふきこぼれないように、ふたは少しずらしておく。

③ 沸騰してから30〜40分弱火で煮たらできあがり。

④ 餅を入れるばあいは、切り餅を8等分ぐらいのさいの目に切って、炊き上がったお粥に入れる。餅がやわらかくなったらできあがり。

⑧ 節分

◆立春の前日
● 鰯の蒲焼き

「鬼は外、福は内」のかけ声とともに、家族みんなで豆まき。

行事のいわれ
節分は季節の変わり目、災いを追い払う日です。

　節分とは、もともとは立春、立夏、立秋、立冬の、それぞれの前の日のことでしたが、しだいに立春の前日だけを指すようになりました。
　煎った大豆をまく「豆まき」は奈良時代に中国から伝わりました。古代の中国では、病気や災いを鬼に見立てて追い払う「追儺」という行事がありました。それが日本に伝わって節分の行事になりました。
　さかんになったのは平安時代以降で、柊の枝や鰯の頭を門に下げるようになったのもこのころだといわれています。柊にはとげがあり、鰯はとてもにおいが強いので、魔よけの効果があると信じられていました。
　煎った大豆は「福豆」とよばれ、まいた福豆を自分の年の数（またはプラス1個）だけ食べれば、病気にならず災いをさけるといい伝えられています。
　節分の日には神社の境内で、この年の年男やお相撲さん、近所のお年寄りなどによって豆まきが行われるところが多いようです。
　まかれるものは豆だけでなく、お菓子やおもちゃなどもあり、子どもたちは段ボール箱を頭にかかげて受け取っています。
　節分の風習は、関東と関西で異なり、関東では「豆まき」が行事の中心になっていますが、関西では鰯料理と巻寿司が節分のもよおしの中心です。巻寿司は恵方巻きといって、長いままの巻寿司を、その年の恵方（年の神さまがいる方向）に向けてまるごと食べると、その一年いいことがあるといわれています。お寿司屋さんやのり屋さんが考え出したという説もありますが、ちょっとユーモラスな風習です。

●鰯の蒲焼き

〈材料〉（4人分）

鰯	4尾
小麦粉（または米粉）	大さじ1
サラダ油	大さじ1
Ⓐ しょう油	大さじ2
みりん	大さじ2
水	大さじ2
油	大さじ1

鰯は魔よけになると言われるほど強いにおいを持っていますが、とても栄養価の高い魚です。蒲焼きにすれば、香ばしく、おいしくいただけます。骨もかたくなくて、手でさばけます。

〈使う道具〉

フライパン、バット、まな板、包丁、菜ばし、フライ返し、茶こし、キッチンペーパー。

鰯の手開きは簡単だから、ぜひやってみてね。

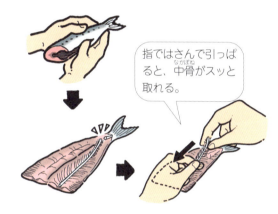

指ではさんで引っぱると、中骨がスッと取れる。

① 鰯は手開きにする。首から折り取り（キッチンバサミで切ってもよい）、頭と一緒に内臓を引き出す。

② 水でサッと洗い、キッチンペーパーでふく。中骨に沿って親指を動かして腹を開く。開いたら、しっぽを残して中骨のはしを折り、身からはずす。

茶こしを使うときれいにまぶせます。

③ キッチンペーパーで水気をふき取り、小麦粉を薄くまぶす。

④ フライパンに油をひき、皮の側から先に焼き、両面に軽くこげ目をつける。

⑤ 鰯にⒶの調味料をからめてサッと煮る。

⑨ バレンタインデー

◆2月14日

● チョコレートケーキ

古代から伝わる愛の日、聖バレンチヌスが処刑された日。

行事のいわれ

チョコレートを贈るのは日本製のならわしです。

　バレンタインデーの起源は、古代ローマにさかのぼります。そのころのローマでは、2月15日に行われた豊作を祈るお祭りのとき、若い女性が愛の手紙を書いて大きな「かめ」に入れ、それを男たちが引いて恋人同士になる風習がありました。その風習は800年間も続いたといわれます。

　その後、この風習は禁止されましたが、若者たちは前の日の2月14日にずらして、今度は男性から女性に愛のカードをわたして告白するようになりました。

　その日、2月14日は、恋人たちの禁じられた愛をかなえさせたと伝えられる聖バレンチヌスが処刑された日にあたり、バレンタインデーはその名前がつけられたといわれています。

　バレンタインデーにチョコレートを贈るならわしは、なんと日本の風習です。最初のバレンタインチョコは1958年、あるチョコレート会社が東京のデパートで販売しました。そのときはあまり売れませんでしたが、「女性から男性へ」というキャッチフレーズがしだいに人々の心をとらえ、いまのように広まりました。でも、この風習を広めるために、お菓子メーカーやデパートがそうとうキャンペーンに力を入れました。

　さて、男性から女性にお返しをするホワイトデーのほうは、まったくの日本製の行事です。その日に贈る白いマシュマロを福岡市のお菓子メーカーが最初に考え出し、その後チョコレート会社が同じ白いお菓子としてホワイトチョコレートを売り出しました。

●チョコレートケーキ

〈材料〉（4人分）
板チョコ	60g
バター	110g
卵	2個
砂糖	3/4カップ
薄力粉	3/4カップ
ココア	1/4カップ
ベーキングパウダー	小さじ1/2
ケーキ型にぬるバター	少々

バレンタインデーといえばチョコレート。大切な人へのプレゼントには、ちょっと手間ひまかけた手づくりのチョコレートケーキを贈りませんか。ハートがプラスされて思いがとどくかもしれません。

〈使う道具〉
フードプロセッサー、小ボウル（3）、オーブン、ケーキ型、まな板、ふきん、ゴムべら、スプーン。

① フードプロセッサーで、板チョコをねっとりするまでくだき、そこへバターを加えてクリーム状にする。
＊オーブンはあらかじめ180℃に予熱しておく。

② さらに、砂糖を入れてまんべんなく混ぜる。卵を1個入れてよく混ぜたら、2個目の卵を入れてよく混ぜる。

③ ②に薄力粉、ココア、ベーキングパウダーを入れてよく混ぜ、全体がなめらかになったら、内側全体にバターをぬったケーキ型に流し込む。

④ オーブンの中段に入れ、180℃で35〜40分焼く。ケーキが少し焼きちぢんできたら、型からはずし、あら熱が取れたらできあがり。

＊小さい型のばあい、焼き時間は180℃で20〜25分。

⑩ ひな祭り

◆3月3日
- はまぐりのお吸い物
- ちらし寿司

ひな人形を飾って、女の子の健康と幸せを祈る日。

行事のいわれ

ひな祭りは、女の子の幸せを祈る春のお祭り。

　3月3日は「上巳の節句」とも「桃の節句」ともいわれます。ひな人形を飾るようになったのは江戸時代になってから。「ひな祭り」とよばれるようになったのもそのころからで、それまでは「ひな遊び」といわれていました。「ひな」とは紙でつくった小さな人形のことで、それで遊ぶ「ひな遊び」は『源氏物語』にも登場します。

　中国では、上巳の節句は神さまにお供えした食べ物を、神さまとともに食べて力をもらう日でした。この行事と、体の悪いところを人形でなで、それを水に流すことで、治るように祈るという、日本の古い習慣とが結びついてひな祭りになりました。

　ひな祭りには、「よもぎ餅」を食べ「桃花酒（桃の花をひたした酒）」を飲み、魚や鳥のかたちをした「落雁（砂糖菓子）」を食べるところもありました。

　「ひし餅」は、はじめ、「草餅（ヨモギを入れた餅）」をひし形に切ってお祝の席に使ったのがはじまりです。いまでは白・緑・赤の三段重になっています。

　桃花酒はやがて甘酒や白酒に変わり、しだいに子どものお祭りになっていきました。

　ひな祭りの料理にははまぐりやあさりなどの貝類が使われます。これは、旧暦の3月3日に、海や川で遊んだり食事をする、磯遊びの風習のなごりといわれています。

　桃の花は、昔から未来を予知して悪いことをさける、魔よけの花とされてきました。早春に花を咲かせ、たくさんの実を結ぶことからも縁起のよい花とされています。桃の節句は、女の子の末長い幸せを祈る行事でもあるのです。

●はまぐりのお吸い物

はまぐりから出るうまみをだしにするお吸い物です。はまぐりのお吸い物は縁起物として、お祝の席や、ひな祭りのおつゆとしてつくられます。

〈材料〉（4人分）
- はまぐり（小）……………8個
- 水………………………3カップ
- 昆布………………（名刺大）1枚
- 塩………………………小さじ1/2
- しょう油…………………少々
- 木の芽……………………少々

＊木の芽：山椒の芽。

〈使う道具〉
ボウル、小ボウル（あく取り用）、ざる、鍋、あく取り、お玉。

① ボウルに塩水を入れてふたをし、暗くして砂出しをする。ボウルにざるを重ねておくと、砂がはまぐりにもどらない。

② 水を入れた鍋に昆布を入れておく。洗ったはまぐりを鍋に入れ火にかける。昆布は煮立つ直前に引き上げる。あくが出たら、あく取りですくい取る。

③ はまぐりの口が開いたら火を止める。味をみながら塩・しょう油で味付けし、ひと煮立ちさせる。

④ はまぐりをお椀に入れ、汁をそそぐ。木の芽を手のひらにのせて、たたいて香りを出し、汁にうかす。

●ちらし寿司

たくさん人が集まったときの、和食の定番料理です。旬の食材、それぞれの地方ならではの材料をとり混ぜて楽しみましょう。

〈材料〉（4人分）

〈寿司飯〉
- 米……………………… 3カップ
- 水……………………… 3と1/3カップ
- 酒……………………… 大さじ1と1/2
- 塩……………………… 小さじ1
- 昆布…………………… （はがき大）1枚

〈合わせ酢〉
- 酢……………………… 大さじ4
- 砂糖…………………… 大さじ4

＊寿司飯のつくり方は122ページの「手巻寿司」参照。

〈混ぜる具〉
- 乾燥わかめ…………… 5g
- たけのこ……………… 120g
- ちりめんじゃこ……… 20g
- Ⓐ ┌ しょう油………… 小さじ2
  │ 砂糖……………… 小さじ1
  └ だし汁…………… 1/2カップ

〈飾る具〉
- 貝柱（生）…………… 6個
-   しょう油…………… 少々
- 焼きあなご…………… 2尾
- エビ…………………… 10尾
- 卵……………………… 2個
- のり…………………… 1枚
- きぬさや……………… 12枚

〈使う道具〉
半切り、鍋、フライパン、まな板、包丁、ボウル、しゃもじ、菜ばし、竹ぐし、キッチンバサミ。

◆混ぜる具をつくる

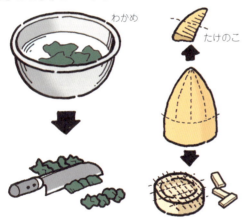

① 乾燥わかめは水につけてもどし、ざく切りに。たけのこは小さくきざむ。

② ちりめんじゃこ、わかめ、たけのこをⒶで煮る。

◆飾る具をつくる

③ 貝柱は、塩水で洗い、2枚に切り、しょう油をまぶす。焼きあなごは軽くあぶってぶつ切りにする。

背をまげて殻のすき間から背わたはとります。

④ エビは背わたを取る。鍋にふたをし、少なめの水で蒸し煮する。尾を残してして殻をむく。

⑤ 卵は薄焼きにして細く切る。のりはキッチンバサミで細切りにする。

⑥ きぬさやはすじを取ってから、塩少々、水大さじ2で煎り煮する。

⑦ 寿司飯が温かいうちに、混ぜる具を加え、混ぜ合わせる。

⑧ 飾る具を寿司飯の上にちらすように飾って、できあがり。

◆**食材の色の意味**

ちらし寿司に入れる具はなんでもかまいません。色どりよく組み合わせましょう。

それぞれの材料の色には、右のような意味があります。

1. 黒＝土を表す

    しいたけ、あなご、のり、肉類など。
2. 緑＝葉を表す

    きぬさや、キュウリ、青じそなど。
3. 紅・白＝花を表す

    サケ、マグロ、イクラ、でんぶ、ちりめんじゃこ、タイ、貝柱など。
4. 黄色＝花の光を表す

    卵、たくあんなど。

⑪ 春の彼岸

◆3月21日

● ぼた餅

お墓参りをして、祖先を供養し、故人をしのぶ日。

行事のいわれ

農家では春のお彼岸を目安にして種をまいていました。

春分の日をまん中にした1週間が「春のお彼岸」彼岸会です。彼岸とは「向こう岸」という意味ですが、仏教では煩悩（この世でのさまざまな欲や悩みなど、心を乱すもの）を捨てさることができた人が到達する、悟りの世界のことをいいます。

死後の世界の「彼岸」に対して現世を「此岸」といい、死んだり、年老いたり、病気になったりといった、つらいことのたくさんあるこの世のことを指すこともあります。

春分の日は昼と夜の長さが同じで、太陽がま西にしずむところから、はるか西の方角にあるといわれる、阿弥陀さまの住む極楽浄土にちなんで、この日に仏事が行われるようになりました。

「彼岸会」とは、彼岸にいるご先祖さまを供養する、仏教の信仰から生まれた行事です。春分の日を中心とした春のお彼岸に対し、秋分の日をはさんだ1週間を「秋のお彼岸」といいます。

ことわざに「暑さ寒さも彼岸まで」とあるように、この時期は季節の変わり目で、農家ではお彼岸を目安にして、種まきや収穫の時期を決めていました。

お彼岸のあいだ、お寺では仏さまを供養する法要が行われ、家庭ではお墓参りをして、ぼた餅をつくって仏さまにお供えします。

「ぼた餅」の名前は、米の粒が割れたものを「ボタ」とよぶところからついたとされています。あんをまぶしたところが牡丹の花に似ているからともいわれています。

秋の彼岸では、萩の花にちなんで「おはぎ」とよばれています。

●ぼた餅

〈材料〉（10個分）
- もち米……………………… 1カップ
- うるち米…………………… 2カップ
- 塩……………………… ひとつまみ
- 水…………………………… 2カップ
- こしあん………… 125g（25g×5）
   または
- つぶあん………… 125g（25g×5）
- ＊お好みで、きな粉、黒ごまなど。

＊**もち米**：お赤飯やお餅に使うねばりけのある米。
＊**うるち米**：ふつう、ご飯で食べている米。

「ぼた」とは、欠けたり割れたりした米。米をむだなく最後までおいしくいただくための知恵から生まれました。

〈使う道具〉
炊飯器、ボウル、すりこぎ、ガーゼ。

① もち米とうるち米を別々に洗って、十分に吸水させておく（1時間以上）。2つを合わせて水加減をし、塩ひとつまみを加えて炊飯器で炊く。

② 炊けたご飯をボウルに移す。お湯を少したして、すりこぎで米粒がくっつくまでつく（ついていて、米粒が逃げなくなるまで）。

③ ガーゼの上にあんこをのばし、ご飯を包む。最後は濡らして固くしぼったガーゼでギュッとしめると形がととのう。

④ 中をあんこに、外側をご飯にして、きな粉や黒ごまをまぶしてもいい。

⑫ 歓送迎会(かんそうげいかい)

◆3月下旬～4月上旬

- おにしめ
- 春餅（ツンピン）
- かたくり餅

年度が替わって、転勤、入学、独立など、出会いと別れの季節。

行事のいわれ

暮らしの中の初めと終わりの日。あたらしいスタートの日です。

　3月の終わりから4月の初めにかけては、学校では入学や進級、そして卒業などがあり、社会では新入社員の入社や定年退職など、人事異動が行われます。

　日本では役所を中心に、仕事の区切りを4月から次の年の3月までとして、1月から12月までのカレンダーとは別に「年度」としています。

　日本では、会計年度については明治維新直後は10月～9月、7～6月などさまざまでしたが、イギリスにならって西暦（グレゴリオ暦）の4月～翌3月までを国の予算の区切りとして「会計年度」を決めました。そのころイギリスでは西暦の3月25日が新年になる暦を使っていたので4月が新年度になったといわれています。現在のように、西暦が世界的に主流になってもそのなごりがここにあります。

　新年度といえば「学校」も4月がスタートです。学校年度は、日本に学校ができた明治初期は欧米と同じ9月が新学期で、前期、後期の2期制でした。これは、当時まだ外国から学ぶことが多く、教育の現場に外国人教師が多かったためといわれています。

　しかし日本では、寒さに向かう9月より、これから暖かくなる春の方が、子どもの健康によい、という判断から、4月に変わったという説があります。また、国の会計年度と合わせたほうが都合もいいこともあり、1886（明治19）年に全国の小学校で採用され、それがいまも続いています。

　新しい人との出会いは別れの季節でもあります。喜びを分かち合い、なごりを惜しむひととき。そんな集いの食事にふさわしい料理で、思い出づくりをしてみましょう。

●おにしめ

〈材料〉（4人分）

里芋（正味）	200g
ごぼう	80g
にんじん	150g
たけのこ	150g
れんこん	120g
きぬさや	20g
こんにゃく	100g
鶏肉（もも）	250g
だし汁	2カップ
砂糖	大さじ2
しょう油	大さじ3
みりん	大さじ1
塩	少々

「おにしめ」はおおぜいの人が集まるときにつくる日本の伝統食のひとつ。いろいろな野菜の味を楽しむ、心やすまる「おふくろの味」ですね。

〈使う道具〉
まな板、包丁、ボウル、ざる、スチールタワシ、鍋、テーブルナイフ、アルミホイル。

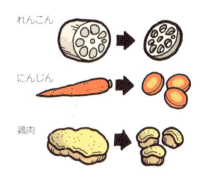

① 里芋は、洗って10分間ゆで、水につけながら皮をむく。ごぼうは、タワシで洗いながら皮をむき、ななめに切る。

② こんにゃくは、手綱につくり、塩ゆでしてあくを抜く。たけのこは、食べやすい大きさに切る。

③ れんこん、にんじんは、皮をむいて食べやすい大きさに切る。鶏肉は、食べやすい大きさに切る。

落としぶたはアルミホイルでもOKです。

④ 鍋に、砂糖、しょう油、みりんを入れ、鶏肉に味をからめながら煮る。

⑤ ④にだし汁と野菜を入れ、落としぶたをして中火で水気がなくなるまで煮る。

⑥ きぬさやは、スジを取って、水と塩少々で煎りつけ、おにしめを盛りつけてから、アクセントとしてのせる。

●春餅（ツンピン）

〈材料〉（4人分）

〈皮〉
- Ⓐ
  - 薄力粉……………………2カップ
  - 熱湯………………………1/2カップ
  - 塩…………………………小さじ1/4
  - ごま油……………………大さじ1
- ごま油（塗用）………………大さじ1
- 焼豚…………………………100g
- 白髪ねぎ……………………1本分
- キュウリ……………………1本

〈練り味噌〉
- Ⓑ
  - 八丁味噌…………………80g
  - 砂糖………………………大さじ2
  - 水…………………………大さじ4
  - ごま油……………………大さじ1
  - 青ねぎ（小口切り）……2本

＊あまった練り味噌は、保存して調味料に。

春餅（ツンピン）は中国で立春をお祝いするときの料理で、クレープのようなものです。宮廷でも食べられていました。北京ダックもこの春餅に包んで食べます。

〈使う道具〉

まな板、包丁、ボウル、フライパン、ぬりハケ、めん棒、フライ返し、ラップ。

① Ⓐをよく混ぜ、まるめてラップをして15分寝かす。

最初、熱いからやけどしないように気をつけて。

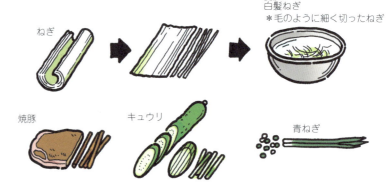

② 材料を準備する。焼豚、キュウリは千切りにする。白髪ねぎをつくる。ねぎの白いところを開いて千切りにし、水にさらす。青ねぎは小口切りにしておく。青ねぎはⒷに加える。

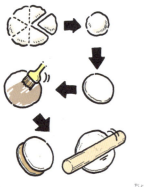

③ Ⓐは6個に分けて丸める。直径6〜7cmほどにのばす。
2枚ひと組にして1枚の片面にごま油をぬり、ぬった面を内側にして2枚を重ねてさらにのばす。

④ フライパンを温め、両面を焼き、プクッとふくれたら取り出して2枚にはがす。
青ねぎをごま油でいため、Ⓑの八丁味噌と調味料を加えて煮つめる。

ハムやゆでた野菜などを具にしてもおいしいよ。

⑤ 焼いた餅に練り味噌をつけ、具を包む。手にのせて両側を起こすと上手に丸められる。

●かたくり餅

〈材料〉(4人分)
- かたくり粉……………… 1カップ
- 黒砂糖または上白糖（粉末）
   …………… 1カップ
- きな粉……………………… 適量
- 水……………………… 3カップ

＊**かたくり粉**：本来は片栗という植物の地下茎からつくったでんぷん。市販のものの多くはジャガイモのでんぷん。

＊**きな粉**：煎った大豆を粉にしたもの。黄粉。

和のデザートはむずかしいように思われていますが、これは簡単にできる「餅菓子」です。中身やまぶすものを変えるだけで、いろいろな餅菓子になります。

〈使う道具〉
鍋、竹べら、菜ばし、バット、キッチンバサミ。

① 鍋に、かたくり粉、黒砂糖を入れ、水でとかす。

② 混ぜながら強火にかける。もったりして、透き通って白いところがなくなるまで、よく混ぜながら煮る。

「ナッツやごまを加えてもいいですね。」

＊キッチンバサミで切ってもよい。

③ バットにきな粉を敷き、かたくり餅を入れる。好みの大きさに、菜ばしではさんで切りながら、きな粉をからめる。

◆ **かたくり餅のバリエーション**

上白糖・かたくり粉を使うと、半透明のかたくり餅ですが、見た目と味を工夫すれば、いろいろなバリエーションが楽しめます。

● しょうが汁を加えると、味・香り付きの白いお餅に。

● 抹茶を加えると、みどり色のお餅に。

⑬ 花見

◆桜前線に合わせて
- だし巻き卵
- 変わりお握り

家族そろってお弁当持って、桜が満開の近くの公園へ。

@平安時代のお花見

@桜の移植
吉野 → 上野
徳川家光

行事のいわれ
お花見は昔、豊作を願う儀式でした。

春になると桜の開花が話題になります。日本列島を南から北へ、暖かさとともにつぎつぎに開いていく桜の開花情報は、桜前線とよばれています。枝いっぱいに花開いた桜はそれは見事なものです。人々は満開の桜に誘われてお花見に出かけ、各地の桜の名所はお祭りのようににぎわいです。

桜は「万葉集」にもたびたび登場します。日本でもっとも古い桜の木の遺物は縄文時代の石斧や弓の材料として、狩の儀式に使われていたようです。

いまでは、お花見の花といえば桜のことですが、昔のお花見は梅やツツジだったこともありました。

昔のお花見は遊びではなく、村全体で行う儀式だったという説もあります。暖かくなると農作業がいそがしくなりますから、その前のいこいのひとときでもありましたが、それと同時に桜の開花の状態によって作物のでき具合を占ったり、豊作を祈る儀式もかねていて、お花見でお酒を飲んだりごちそうを食べたりするのは、神様と一緒に豊作の前祝いするものといわれています。

また、桜が花をつけるときと農作業のはじまる時期がほぼ重なることから、「種まき桜」とか「苗代桜」などといわれ、カレンダーがなかった時代の農作業の目安になっていました。

お花見が庶民の楽しみに変わるのは江戸時代になってからです。桜の葉の塩漬けでまいた「桜餅」も、お花見のときに食べられました。

有名な上野の寛永寺の桜の名所は、将軍家光が吉野山の桜をこの場所に移植してつくられました。

●だし巻き卵

〈材料〉(2人分)

卵	3個
だし汁	卵液量の1/4
Ⓐ 砂糖	小さじ1/2
塩	小さじ1/6
しょう油	少々
油	適量

お花見にお弁当があればもっと幸せ。きれいな色とおいしさで、ぜひお弁当に入れたいのが、卵焼きです。
ここでは関西風のだし巻き卵をご紹介します。

〈使う道具〉
包丁、まな板、ボウル、菜ばし、卵焼き器、お玉、巻きす、キッチンペーパー、小皿、フライ返し。

① 卵をといて計量カップで量り、その4分の1の量のだし汁を加え、さらにⒶの調味料を加えて混ぜ、2等分する。

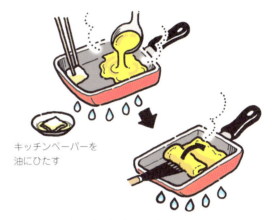

② 卵焼き器を弱火で温め、油をひく。①を半分流し入れ、向こう側からクルクルと折りたたむ(こげ目がつかないように弱火で)。

③ あいたところに、また油をひき、残りの①を流し入れる。先に焼いた卵をフライ返しで少し持ち上げ、その下に流し込んでさらに巻く。

④ 焼き上がったら巻きすで巻いて、おちついたら適当な大きさに切る。

●変わりお握り

お握りは、屯食といわれ昔からある、持ち運びのできるご飯です。日本のねばりけのあるご飯だからできます。外で食べるお楽しみの携行食です。具や包むものを工夫しましょう。

◆うなぎお握り

〈材料〉（4個分）
- ご飯……………400g
- うなぎ（蒲焼き）…150g
- 甘酢しょうが………少々
- のり
- 塩（手塩）

〈使う道具〉
まな板、包丁、ボウル、しゃもじ、ラップ。

① 甘酢しょうがをあらみじん切りにして、ご飯に混ぜる。うなぎはたんざく切りにする。

② うなぎをご飯の中心におき、少し出るくらいにしてお握りをつくり、のりを巻く。

◆エビフライお握り

〈材料〉（4個分）
- ご飯……………400g
- エビ（大）……150g
- 卵………………1個
- 薄力粉
- パン粉
- ごま……………大さじ4
- ウスターソース…大さじ1
- 揚げ油

〈使う道具〉
揚げ物用鍋、まな板、包丁、バット（または皿）(3)、菜ばし、ラップ。
＊揚げ物はおうちの人と一緒に。

背わたは、つまようじを使うと上手に取れる。

① エビの尾を残して殻をむき、背わたを取る。揚げたとき丸まらないように、身の腹側に切れ目を入れる。むらなく薄力粉をつける。

揚げ物は温度がポイント。エビは160℃くらいでゆっくりね。

② 卵をよくほぐしてバットに入れる。①のエビを卵液に通してパン粉をまぶしつける。

③ 揚げ油を熱して、ころもがカリッときつね色になるまで揚げる。

④ エビフライにウスターソースをつける。ご飯の中心におき、お握りをつくる。

⑤ まわりにごまをまぶしつける。

◆**目張り飯**

＊目張り飯：高菜漬けで包んだお握りのこと。

〈材料〉（4個分）

ご飯	720g
高菜漬け	4枚
いりごま（白）	大さじ1/2
かつおぶし	3g

〈使う道具〉
まな板、包丁、ボウル、しゃもじ、ラップ。

① 高菜漬けは葉とくきに分け、くきだけをみじん切りにする。

② ①のきざんだ高菜のくきと、煎りごまとかつおぶしをご飯に混ぜる。

③ ②のご飯を4等分にしてお握りをつくる。高菜漬けの葉を広げてお握りを包む。

⑭ 復活祭（イースター）

◆春分の日の次に来る満月の後の日曜日

- 卵料理

十字架にかけられて、3日目に復活したキリストを祝う日。

●イースターエッグ

●卵は生命復活のシンボル

行事のいわれ

卵とウサギは復活のシンボルです。

　復活祭（イースター）はキリスト教の重要なお祭りのひとつであると同時に、春を迎えるお祭りでもあります。毎年、春分の後の満月の次の日曜日に行われます。処刑されたキリストが3日目の日曜日に復活したことにちなんで復活祭とよばれます。英語のイースターは、ヨーロッパに伝わるあけぼのと春の女神エーオストレの名前に由来しているといわれています。

　以前は17週間にもわたって、それぞれの日に応じた象徴的なもよおしがありましたが、現在では復活祭の日曜日を中心にお祝いをします。キリスト教が中心の国々では、この日がお休みになるところもあります。

　日曜日は礼拝の後、ローストしたラム肉、干しぶどう、木の実の入った十字架パンなどの特別なごちそうを家族で囲んでいただきます。

　復活祭に欠かせないのがイースターエッグです。もともとはあざやかな色に染めたり、殻に細工をしたゆで卵でした。この風習はキリスト教がはじまる前からあって、子孫繁栄を願ったものといわれています。このイースターエッグはイースターバニー（ウサギ）が持ってくると信じられていました。ウサギはたくさん子どもを産むので、命が生まれる卵とともに復活のシンボルとされています。

　復活祭の卵を部屋のあちこちにかくしておき、子どもたちが探すゲームも楽しみのひとつです。いまではゆで卵のほかに、チョコレートやキャンディなども見られます。ウサギがバスケットを持ち、そのバスケットに卵の形をしたお菓子が入っている飾りもよく使われます。

●卵料理3種類

卵料理ほど種類が多くてバラエティー豊かな料理はないといわれます。加熱温度を変え、調理道具を変えると自在に変わるのも、卵の特徴です。

◆ゆで卵

〈材料〉
- 卵・・・・・・・・・・2個
- 塩・・・・・・・・・・小さじ1

〈使う道具〉
小鍋、ボウル、穴じゃくし(またはお玉)。

① 水と塩、卵を鍋に入れて火にかける。
② ブクブクしてからしばらくして、穴じゃくしですくってみる。10かぞえるうちに卵の表面が乾いたら半熟、6で乾いたら固ゆで。
③ ボウルに水を入れて、その中に卵を移してよく冷やす。水でよく冷やすと殻がむきやすくなる。

◆めだま焼き

〈材料〉
- 卵・・・・・・・・・・2個
- 油・・・・・・・・・・小さじ1/2

〈使う道具〉
ふた付きフライパン、ボウル、フライ返し。

① 卵は黄身をこわさないように割ってボウルに入れておく。
② フライパンに油をひいて弱火にかける。温まったら、卵をそっと流し入れる。白く固まったら、大さじ1ぱいの水を入れふたをする。そのまま弱火でゆっくり焼く。
③ 水がなくなったらできあがり。フライ返しを使って、黄身をこわさないように、ていねいにお皿に移す。

◆オムレツ

〈材料〉
- 卵・・・・・・・・・・2個
- 牛乳・・・・・・・・・大さじ2
- 塩とこしょう・・・・・少々
- 油・・・・・・・・・・小さじ1/2
- バター・・・・・・・・小さじ1/2

〈使う道具〉
フライパン、フライ返し、菜ばし、ボウル。

① ボウルに卵を割り、牛乳、塩、こしょうを入れて混ぜる。

② フライパンに油をひき、熱して①を流し入れる。

③ 弱火にかけながら、菜ばしでかき混ぜる。かき混ぜているうちに、とろりと固まりかけてきたら、バターを入れフライ返しでオムレツの形にととのえる。

火が強過ぎたり焼き過ぎないようにね。

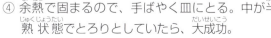

④ 余熱で固まるので、手ばやく皿にとる。中が半熟状態でとろりとしていたら、大成功。

⑮ 端午の節句

◆5月5日
- 若竹煮
- 柏餅
- ちまき

鯉のぼりに柏餅、男の子のお節句は年に1度のこどもの日。

行事のいわれ

女性のお祭りがいつの間にか男の子のお祭りになりました。

　端午の「端」には最初という意味があります。5月は十二支でいう午の月にあたり、この午の月の最初の午の日、5月5日を「端午の節句」としたといわれています。

　じつはこの端午の節句、もともとは女性のお祭りでした。田植えをする若い女性たちが5月5日に神社などでお祓いをして、田の神さまのために全身をきよめてから田んぼに入りました。つまり、田んぼの神さまに対する厄払いの日だったのです。

　それが男の子のお祭りになったのは平安時代です。この時代に武士や貴族のあいだで弓矢や乗馬などの勇ましい行事が行われるようになりました。さらに、もともと端午の節句で使われていた菖蒲が「勝負」に通じるところから、男の子の行事へと変わっていきました。

　端午の節句には「柏餅」や「ちまき」を食べる習慣があります。ちまきについては中国に伝説があります。中国の戦国時代、楚の国に屈原（紀元前343～277年ころ）という詩人ですぐれた政治家がいました。屈原をたいへん信頼していた懐王の死後、後をついだ襄王の弟によって屈原は追放されてしまいます。

　失意の屈原が汨羅の淵に身を投げて死んだ日が5月5日。悲しんだ人々は屈原の命日になると、竜神に取られないように米を葉で包んで淵に投げ入れました。この伝説が、この日にちまきを食べるようになったはじまりといわれています。

　柏餅は、柏の木には新しい葉が生えるまで古い葉が落ちない性質があることから、家のあとつぎが絶えないように、という願いが込められているといわれています。

●若竹煮

〈材料〉（2人分）
ゆでたけのこ……………………200g
ふき………………………………100g
乾燥わかめ…………………………8g
Ⓐ ┌ だし汁……………………1.5カップ
　├ うすくちしょう油……大さじ1.5
　└ みりん…………………大さじ1.5
木の芽……………………………4枚

＊木の芽：山椒の芽。

「雨後のたけのこ」と言われるように、たけのこは成長がはやく、曲がらずくすくすと育つようにとの願いから子どものお祝いによく使われます。同じころにとれるわかめは、たけのことの相性のいい食材です。

〈使う道具〉
包丁、まな板、ボウル、広口の浅鍋、煮物鍋、アルミホイル。

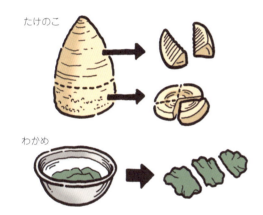

① たけのこを切る。太い部分はいちょう切りに、細い部分はくし形に切る。わかめはもどしたら3cmぐらいの長さに切る。

② ふきは鍋に入るくらいの長さに切って、皮のままゆでる。ゆでたらすじを取り、皮をむき、3～4cmぐらいに切っておく。

③ Ⓐのだし汁と調味料を入れ、たけのこを入れて落としぶた（アルミホイルでよい）をし、さらにふたをして煮込む。これを、着せぶたという。

落としぶたをすると、煮汁がまんべんなく材料にしみるの。

④ さらにふきとわかめを加えて5～6分煮た後、火を止める。器に盛ったら木の芽を手のひらでポンとたたき、香りを出して添える。

●柏餅

〈材料〉（10個分）
上新粉 ………………… 100g
砂糖 …………………… 大さじ2
水 ……………………… 160cc
あん …………………… 200g
柏の葉 ………………… 10枚

＊あんのつくり方は137ページの「ぜんざい」参照。

葉で包むのは大昔、木の葉を食器の代わりにしていたなごりです。柏の葉を使うのは、新しい芽が出るまで古い葉が落ちないことから、つぎからつぎへと家系がつながるという願いを込めています。

〈使う道具〉
電子レンジ、耐熱ボウル、ふきん、木べら、ラップ。

① 上新粉、砂糖、水を混ぜる。ラップをかけ、電子レンジで約5分。餅状に蒸し上げる。

② 水で濡らしたふきんにとり、外側から折り返すようにもみ、なめらかにまとめる。

熱いから、やけどに気をつけて。

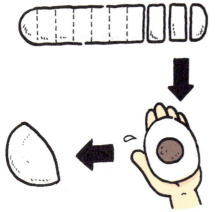

③ 生地を10個に分け、手水をつけながらあんを包み半月形にする。

④ 最後に柏の葉でくるんでから、少し水をふってラップをかけ、電子レンジに30秒かけると、柏のよい香りが移る。

●ちまき

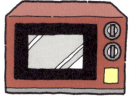

〈材料〉（10個分）
上新粉·············130g
餅粉···············20g
砂糖··············150g
水·················150cc
笹の葉············10枚

戦国時代、中国から日本に伝わったちまきは、笹の葉がばいきんを寄せつけないことから、戦争の携行食になったといわれています。

〈使う道具〉
電子レンジ、耐熱ボウル、ラップ、濡れふきん、木べら、包丁、まな板。

最初、少しの水でよく混ぜておくとなめらかにできます。

① 耐熱ボウルに、上新粉、餅粉と砂糖をよく混ぜてから、ダマにならないように吸水させる。ラップをして電子レンジに2分かけ、混ぜてまた2分かける。

② 濡れふきんに移し、包みながら、手のひらで押すようにして、なめらかになるまで練る（熱いので気をつけること）。

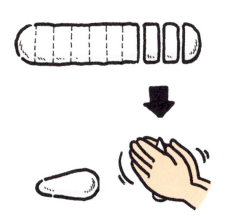

③ 10個に分けて、しずく形にする。

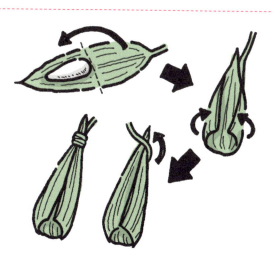

④ 笹の葉の表側にのせ、笹の葉ではさみこみ、両端をたたみ、くきの部分を使ってしばる。

⑯ 七夕(たなばた)

◆7月7日
- そうめん
- つゆそうめん
- ひき茶(ちゃ)かん

> 七夕は、織姫(おりひめ)と彦星(ひこぼし)の、年に1度のデートの日。

七夕の伝説

行事のいわれ

昔(むかし)の人は、天(あま)の川(がわ)からとてもロマンチックな物語(ものがたり)をつくりました。

　七夕(たなばた)は、いまから3000年ほど前の中国で、ふたつの星が神の怒りを買い、天の川をはさんで別れ別れになり、年に1度だけ会うことを許されるという伝説(でんせつ)から生まれた行事です。

　それが日本に伝(つた)わったのは奈良時代(ならじだい)らしく、『万葉集(まんようしゅう)』をはじめ、かずかずの歌集(かしゅう)に七夕をテーマにした歌(うた)がのっています。それが庶民(しょみん)のあいだに広まるようになると、牛を引く牽牛星(けんぎゅうせい)は農業(のうぎょう)を、織女星(しょくじょせい)は衣服(いふく)を表し、生産(せいさん)を象徴(しょうちょう)するようになりました。また、1年に1度だけ会えるというお話(はなし)が、人々のあいだで同情(どうじょう)をよぶようになり、恋物語(こいものがたり)としても親しまれるようになりました。

　それとは別に、日本には「棚機女(たなばたつめ)」という行事がありました。水辺(みずべ)につくられた小屋(こや)で女性が布(ぬの)を織(お)ることで、穢(けが)れを払うという行事です。これが、中国から伝わった伝説と結(むす)びついて「七夕(たなばた)」になったといわれています。

　ちなみに牽牛星(ひこぼし)（彦星）は"わし座"の1等星アルタイル、織女星(おりひめ)（織姫）は"こと座"の1等星ベガです。

　日本では昔、七夕に神さまの乗り物としてキュウリの馬やナスの牛を供えていましたが、現在では、お盆(ぼん)に祖先(そせん)を迎(むか)えるときのお供(そな)えになっています。

　七夕には、天の川に見立(みた)てたそうめんや冷(ひ)や麦(むぎ)を食べる習慣(しゅうかん)があります。江戸時代(えどじだい)、竹に糸を巻きつけて祈(いの)ると願(ねが)いがかなうとされる「願いの糸(いと)」という風習(ふうしゅう)があって、その糸と白く細い麺(めん)が通じ合うところから、麺を食べる習慣が生まれたという説もあります。いずれにしろ、そうめんや冷や麦のやわらかな白さは、七夕のロマンチックな伝説にとても似合(にあ)っています。

●そうめん

織姫が機織りをするときの糸に見立てられたそうめんは、七夕の行事食。暑い夏には欠かせない涼しげな料理です。

〈材料〉（4人分）

そうめん		4束
Ⓐ 水		4カップ
かつおぶし		20g
		（1カップくらい）
干ししいたけ		10g
		（3枚くらい）
にぼし		10g
		（10尾くらい）
昆布		8g
		（5cm×5cmを2枚くらい）
Ⓑ しょう油		180cc
砂糖		大さじ2
みりん		1/2カップ

〈使う道具〉
大鍋、小鍋、ざる、ボウル、あみじゃくし、菜ばし。

だしは、日本料理の基本だから、しっかりおぼえておいてね。

① Ⓐを全部小鍋に入れ、1時間ほどおいておく。そのあと火にかけ、弱火で煮て、沸騰したらすぐ火を止め、あみじゃくしですくい出す。

② ①でとっただし汁に、Ⓑの調味料を加え、鍋でひと煮立ちさせる。
冷蔵庫で冷やしておくとよい。

③ そうめんをゆでる。
大鍋にお湯を沸かし、沸騰したら、そうめんをパラパラッと入れる。

④ プワッとふいたら水1カップを入れる。この水のことを「びっくり水」という。
もう1度ふいたら火を止め、ざるにあけ、流水でよく洗う。

●つゆそうめん

〈材料〉（4人分）

そうめん	4束
ゆでエビ（大）	4尾
きくらげ	4つ
イカ	1ぱい
キュウリ	1本
ゆでうずらの卵	4個
だし汁	6カップ

＊「そうめん」165ページⒶと同じ

Ⓐ みりん ……… 大さじ2
　 しょう油 …… 大さじ1
　 塩 ………… 小さじ1

つゆごと食べるそうめんなので、汁は少し薄めにつくります。野菜をたっぷり入れて、暑い夏を乗り切りましょう。

〈使う道具〉
鍋、まな板、包丁、ボウル、ざる、お玉、糸、菜ばし。

① 165ページの「そうめん」の①のやり方でだし汁をつくる。Ⓐの調味料を入れて、ひと煮立ちさせてから、冷やしておく。

② 材料を、それぞれ図のように切る。ゆでたうずらの卵は糸で切る。

③ 165ページの「そうめん」のつくり方でゆでたそうめんをよく水で洗い、ぬめりを取る。器に入れ、②の材料を盛りつけ、冷やしておいたつゆをかけて、つゆごと食べる。

◆つゆそうめんのバリエーション

●にゅうめん

温かく煮たそうめんを「にゅうめん」といいます。ゆでたそうめんをだし汁で煮て、ねぎ、とろろ、かまぼこなどをのせていただきます。

1人前のつゆ：だし汁1.5カップ、しょう油大さじ1、砂糖小さじ1、塩ひとつまみ。

●ひき茶かん

〈材料〉
かんてん……………………… 1本
水……………………………… 2カップ
抹茶…………………………… 小さじ1
かたくり粉…………………… 大さじ1
砂糖…………………………… 1カップ

＊抹茶：茶の新芽を粉にしたもの。おもに茶の湯（茶道）に使う。

あんこは使わなくてもあんこ風。さっぱりと涼しげなデザートです。彦星と織姫が出会えるように、七夕の日は晴れてきれいな星空だといいですね。

〈使う道具〉
包丁、まな板、ボウル、ポリ袋、木べら、鍋、流し缶（バットでもよい）。

粉もの（ココアなど）を水と混ぜるときは、先に砂糖と混ぜておくとダマになりにくいですよ。

＊かんてんが全部とけてから味付けをします。先に味をつけるとかんてんがとけません。

① 抹茶と砂糖、かたくり粉を混ぜておく。かんてんは水でふやかせておく。

② 鍋に水を入れ、かんてんを火にかける。かんてんが全部とけたら①の抹茶などを混ぜ合わせ、とろみがついたら火からおろす。

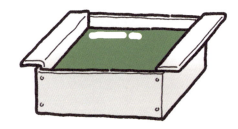

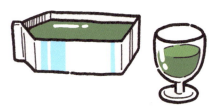

③ ②を流し缶に入れて、固めてできあがり。流し缶の代わりに、牛乳パックやその他の容器でもよい。

◆ ひき茶かんのバリエーション

●フルーツかん
フルーツをピューレ状になるまでフードプロセッサーにかける。かんてんと砂糖を煮とかしたところに、フルーツピューレを加えて混ぜる。

⑰ 土用の丑の日

◆7月20日ごろから立秋前までの最初の丑の日

- うなぎ寿司
- ひつまむし
- うなたま

真夏の暑い時期、うなぎを食べて夏バテを予防し体力をつける。

行事のいわれ

きっかけは、平賀源内先生の思いつきでした。

「土用」とは昔の暦で立夏、立秋、立冬、立春の前の18日間をいいます。うなぎを食べる夏の土用は立秋前のもっとも暑い時期です。

昔から日本では、中国から伝わった十二支（子丑寅卯辰巳午未申酉戌亥）と十干（甲乙丙丁戊己庚辛壬癸）、そして五行（木火土金水）を組み合わせて、生まれ年や時刻や方位などを表していました。

江戸時代には夏の土用の18日間のうち、丑の日をとくに重要な日として、薬草を入れたお風呂に入ったり、お灸をすえたりすると、特別効き目があるとされていました。

土用の丑の日といえば"うなぎ"。この、うなぎを食べる習慣は、江戸時代の学者で、エレキテルという発電機をつくった平賀源内（1728年～1779年）が仕掛人という説があります。ある

うなぎ屋が自分の店に出入りしていた有名人の平賀源内に、宣伝のために何か書いてほしいと紙と筆をわたしたところ、平賀源内は「本日土用丑の日」とだけ書きました。

店頭にそれを張り出すと「平賀源内がいうのだから、これはきっと意味があることに違いない」と人々は勝手に思い込み、うなぎ屋に出入りするようになりました。また、店のほうでも「この日にうなぎを食べると薬になる」などと宣伝したために、江戸の町で大評判になったということです。

うなぎは栄養豊富ですから、食欲が落ち込みやすい夏にはぴったりの食べ物です。また、昔から日本では丑の日にちなんで、「う」のつく食べ物、うりや梅干しなども、健康によいと信じられていました。

●うなぎ寿司

〈材料〉(2人分)

うなぎ(蒲焼き)……………… 1尾
寿司飯
　ご飯……………… 250g
　酢………………… 大さじ1.5
　砂糖……………… 大さじ1.5
　塩………………… 小さじ1/4
　＊寿司飯のつくり方は122ペ
　　ージの「手巻寿司」参照。
木の芽…………………… 適量

＊木の芽：山椒の芽。

うなぎといえば"蒲焼き"。うな重、うな丼で食べるのが一般的ですが、おもむきを変えてうなぎ寿司はいかがですか。この寿司のつくり方は押し寿司の基本ですから、いろいろな材料で応用できます。

〈使う道具〉
半切り、しゃもじ、ボウル、まな板、包丁、巻きす、ラップ。

① 下ごしらえをする。
　酢、砂糖、塩で合わせ酢をつくる。
　木の芽の葉をきざんでおく。

② 炊き上がったご飯に、合わせ酢を切るように混ぜ、あら熱が取れたら木の芽を入れる。

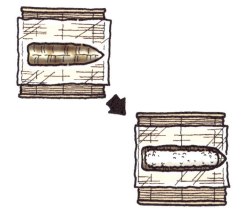

③ 巻きすの上にラップを広げ、うなぎをおき、そこに軽く棒状にまとめたご飯をのせて、全体を包み込む。

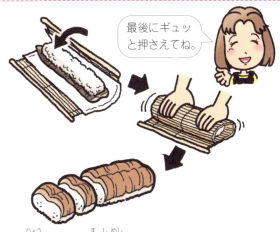

最後にギュッと押さえてね。

④ 両はしから寿司飯がはみ出ないように、しっかり押さえながら巻く。最後にギュッと軽く押さえてできあがり。適当な大きさに切り分けて食べる。

●ひつまむし

〈材料〉(2人分)
- ご飯‥‥‥‥‥‥‥‥‥800g
- うなぎ(蒲焼き)‥‥‥‥2尾
- 万能ねぎ‥‥‥‥‥‥‥1束
- のり‥‥‥‥‥‥‥‥‥4枚

〈たれ〉
- しょう油‥‥‥‥大さじ2
- みりん‥‥‥‥‥大さじ2
- 水‥‥‥‥‥‥‥大さじ2
- おろしわさび‥‥小さじ1

おひつに入れた名古屋名物うなぎの混ぜご飯。おひつの中で「まむす」(混ぜる)ことから、この名前がつきました。残ったらお茶漬けにしてもおいしくいただけます。

〈使う道具〉
小鍋、まな板、包丁、キッチンバサミ、お玉、しゃもじ、菜ばし、おひつ。

① うなぎの蒲焼きを温め、ざく切り。ねぎは小口切り、のりはキッチンバサミでたんざく切りにする。

② たれを小鍋に入れ、ひと煮立ちさせる。

③ おひつにご飯を盛り、うなぎの蒲焼き、ねぎ、のりをのせる。

お好みでわさびを添えて。

④ ③にたれをかけて、全体を混ぜ、茶碗によそって食べる。

●うなたま

〈材料〉(3人分)

- うなぎ(蒲焼き)……………1尾
- 卵………………………………4個
- ねぎ……………………………1/2本
- 水………………………………1カップ
- Ⓐ しょう油……………大さじ2
  みりん………………大さじ3

うなたまをご飯にのせれば「うなたま丼」、冷まして重箱や折づめにすれば「うなたま弁当」になります。家でも戸外でもおいしいのがうれしいですね。

〈使う道具〉
まな板、包丁、フライパン、ボウル、菜ばし。

① うなぎは5～6mmの細切り、ねぎをななめ薄切り、卵はときほぐしておく。

② フライパンに水、Ⓐの調味料を入れて煮立たせる。

③ うなぎを②に入れ、1～2分煮る。

山椒はお好みでね。

④ 卵を③に流し入れ、半熟になったらねぎを入れて、できあがり。お好みで山椒の粉をかける。

⑱お盆

◆7月15日・8月15日

- 変わりがんもどき
- ひじきの煮つけ
- ごま豆腐

年に1度、亡くなった人をしのび、ご先祖をわが家に迎える日。

●迎え火をたいてご先祖さまをお迎え

行事のいわれ

お盆には仏教のしきたりにならって"精進料理"を食べます。

　お盆は「精霊会」「盂蘭盆会」ともいいます。特別にぎやかなことを、よく「盆と正月が一緒に来たようだ」と表現するほど、お盆は日本人にとってお正月と同じくらい大切な行事です。

　旧暦7月15日をはさんで2〜3日間がお盆ですが、地域によっては新暦の8月に行うところもあります。「盂蘭盆」とはサンスクリット語で「さかさづり」のことをいいます。お釈迦さまの弟子の目連が「地獄でさかさづりの罰を受けている母を、どうしたら救えるでしょう」とお釈迦さまにたずねると、お釈迦さまは「7月15日に供養しなさい」といわれたことが「盂蘭盆経」というお経に書かれています。これから、お盆の行事が7月15日に行われるようになったといわれています。

　お盆がはじまる13日の夕方に、門前にキュウリの馬やナスの牛を置き、"迎え火"をたきます。迎え火にさそわれてやってくる先祖の霊は「おしょろさま」（精霊さま）とよばれます。仏壇の前に"盆棚"をつくり、季節のくだものや野菜、それに白玉団子やそうめんを供えます。

　16日には、"送り火"をたいて先祖の霊を送り出します。このときに盆棚に供えたものを川や海に流す精霊流しを行います。精霊流しの一種の「灯ろう流し」を行う地域もあります。ろうそくの火をともした灯ろうに乗って、先祖の霊が帰っていくというものです。

　仏教では、動物や魚の肉を食べることを禁じています。仏さまの道の修行にはげむことを「精進する」といい、それにならって、お盆には野菜中心の"精進料理"を食べる習慣があります（188ページ参照）。

●変わりがんもどき

〈材料〉(10個分)
- 豆腐(もめん豆腐)……… 1丁
- ねぎ……… 2本
- 鶏ささみ……… 2本
- 卵……… 1/2個
- 長芋……… 30g
- 塩……… 適量
- 酒……… 大さじ1
- 揚げ油……… 500ml

「がんもどき」とは、雁という鶏の肉に似せたところから、こうよばれています。「もどき」とは、似せてつくったものという意味です。肉類を使わない、精進料理から生まれた傑作です。

〈使う道具〉
包丁、まな板、鍋、すり鉢、すりこぎ、フライ鍋、揚げバット、揚げあみ、菜ばし、キッチンペーパー。

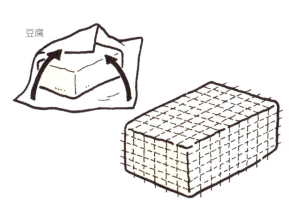

① 豆腐はキッチンペーパーで包んでよく水気を切り、小さなさいの目に切っておく。

② 鍋に水を入れ、塩2つまみと酒大さじ1で鶏ささみ肉を下ゆでする。常温に冷ましてからさいの目に切る。

③ すり鉢で長芋をすり、鶏ささみ、豆腐、塩小さじ1/2、卵を加えてすり混ぜる。小口切りしたねぎを、そこに加えて混ぜる。

④ 直径5～6cmの大きさに丸めて、中温に熱し油で揚げる。

●ひじきの煮つけ

〈材料〉（4人分）
- 乾燥ひじき……………… 50g
- 油揚げ…………………… 2枚
- しょう油………………… 大さじ1
- 砂糖……………………… 大さじ2
- だし汁…………………… 1カップ
- ごま油…………………… 小さじ1/2

ひじきは、わかめや昆布のように海藻の仲間です。長期保存ができて、食べたい量だけ水でもどして使います。京都では、日を決めて必ずひじきを食べる習慣があります。

〈使う道具〉
鍋、まな板、包丁、ざる、ボウル、菜ばし。

① ひじきを水につける。20分ほどおいたら手ですくって取り出す。

② 油揚げは千切りにし、鍋で煮る。煮えたら冷水にとってよくしぼる。

③ 鍋を熱し、ごま油でひじきをさっといためて、砂糖としょう油、だし汁に油揚げを加えて10分ほど煮る。

④ ゆっくり煮汁がなくなるまで煮る。

最後にごまをふってもいいですね。

●ごま豆腐

豆腐は大豆でつくりますが、この豆腐はごまをよせてつくったものです。ごまをすり鉢でよくすりつぶし、ペースト状にしたものをくず粉で固めます。

〈材料〉（2人分）

白ごま	1カップ
本くず粉	半カップ
水	3カップ
塩	2つまみ

〈薬味〉
わさび、しょうが、青ゆずなど
＊練りごまを使うと、短時間でなめらかにできます。

＊**本くず粉**：くず（葛）の根からしぼった汁を粉にしたもの。

〈使う道具〉
包丁、まな板、鍋、すり鉢、すりこぎ、木べら、流しばこ（またはバット）。

① ごまはすり鉢に入れ、味噌のようにねっとりと形がなくなるまですりつぶす。
練りごまを使うばあいはそのまま②へ。

② 鍋に水と本くず粉を入れ、なめらかにといたら、ごま、塩を加えて混ぜ合わせる。中火にかけ、木べらでむらなく混ぜながら練り揚げる。

冷やし過ぎないように気をつけてね。

③ 流しばこ（またはバット）に入れ、手に水をつけて表面を押しながら固め、冷蔵庫で冷やしてから切る。冷やし過ぎると口当たりが悪くなるので注意。

●ピーナッツ豆腐

① ピーナッツと水1カップ半をミキサーにかけ、牛乳状になったらこし布でこす。

② 鍋に本くず粉半カップと1カップの水を入れてとく。さらに水1カップ半と①のこし汁を入れて弱火にかけ、木べらでよく混ぜながら煮る。

⑲ 終戦記念日

◆8月15日
- すいとん
- ぞうすい

悲惨な戦争の時代をちょっぴり体験して、平和を祈る。

行事のいわれ

平和であってこそ、おいしいものが食べられます。

　8月15日は15年間も続いたアジア太平洋戦争が終わった日です。日本は明治時代から絶えまなく戦争をしてきましたが、これを機に戦争をしない国に変わりました。

　戦争中、とくに戦争が終わりに近くなると、戦争の道具をつくるために、橋の欄干やお寺の鐘、おしまいには鍋や包丁まで、鉄でできたものはすべて軍隊に持っていかれました。さらに、暮らしに必要なもの以外は、持ったり使ったりすることが許されず、衣服も食卓もどんどん粗末になっていきました。「ぜいたくは敵だ」「欲しがりません勝つまでは」などということばが日本中にはんらんしていました。

　米はすべて配給制で、家族の人数によって決められていましたが、それも十分な量ではなく、人々は、芋、とうもろこし、かんぱんなどをご飯の代わりにしていました。食べられそうなものはなんでも、芋のつるや大根の皮までも調理して食べました。

　とても料理とよべるものではありませんが、戦時中の食べ物で象徴的な「すいとん」は、少しばかりのしょう油で薄い味をつけただけの汁に、練ったうどん粉を握って落としたもので、具はほとんど入っていません。

　うどん粉の団子もほんの少しで、とても満腹になる量ではありませんでした。お椀の底に残った団子を箸でつまもうと思ってよく見たら、自分の目が映っていた、などという笑えない笑い話がほんとうにありました。

　いまでは戦争を知っている人がとても少なくなりましたが、終戦記念日は悲惨な戦争を忘れず、平和を守り続けるための大切なイベントです。

●すいとん

〈材料〉(4人分)

豚肉		100g
大根		100g
しめじ		1パック
かぼちゃ		60g
にんじん		50g
ごぼう		50g
万能ねぎ		1本
すいとん	薄力粉	100g
	牛乳	120cc
つゆ	水	6カップ
	いりこ	12尾
	昆布（5cm×5cm）	1枚
調味料	塩	小さじ1
	しょう油	大さじ1

戦争の終わりころから戦後にかけては、日本中が食料不足。すいとんもうどん粉以外、わずかな材料しか入っていませんでした。ここで紹介するようなすいとんは、当時ならばとてもぜいたくなものです。

〈使う道具〉

大鍋、まな板、包丁、ピーラー、あみじゃくし、お玉、スプーン、ボウル、ポリ袋。

① 材料を切る。

② 鍋に水と昆布、いりこを入れて火にかける。沸騰したら火を止め、昆布といりこを取り出す。

③ ②のだし汁の中に豚肉、にんじん、大根、ごぼうを入れて煮る。

④ 大根がやわらかく煮えたら、かぼちゃ、しめじ、調味料を入れて、さらに少し煮る。

⑤ 煮ているあいだに、ポリ袋で薄力粉と牛乳をよく混ぜる。

ゆるめに粉をとくと、細くなってうどんのようになるの。

⑥ ポリ袋の口を空気を抜いて閉じ、キッチンバサミで先を切り、中身を押し出す。スプーンで切るようにしてポトポトと④の中に落としていく。

⑦ すいとんがプリプリになるまで煮る。最後にねぎを入れる。

●戦中戦後のすいとん

食べ物がなかった時代、すいとんは庶民の主食でした。そのころのすいとんをご紹介します。興味があったらチャレンジしてください。

① うどん粉（中力粉）100gを、水40ccに塩小さじ1を加え、耳たぶくらいのかたさに練る。
② 具は大根の葉とくき、芋のつる、さつまいもの皮など。それぞれ適当な大きさに切る。
③ 水4カップに煮干し数尾、しょう油大さじ1を入れ、沸騰したら具を入れて材料がやわらかくなるまで煮る。
④ 練ったうどん粉は、小さめのギョーザぐらいの大きさに手で握り（指のあとがつくのがとくちょう）、鍋の中に落とす。
⑤ うどん粉に火が通るまで煮込んだらできあがり。だしに使った煮干しも大切なカルシウム源なので、一緒に食べる。

●ぞうすい

〈材料〉(2人分)
- 冷ご飯……………………1カップ
- 鶏もも肉…………………80g
- 卵…………………………1個
- みつば……………………少々
- のり………………………少々
- だし汁……………………3カップ
- しょう油…………………小さじ1
- 塩…………………………小さじ1

戦中戦後のぞうすいは、貴重な米の量をできるだけ増やして食べることが目的でした。具はほんのわずかで、ご飯粒が食べられるだけでも幸せでした。残った冷ご飯でぞうすいをつくってみましょう。

〈使う道具〉
土鍋、まな板、包丁、ざる、ボウル、小ボウル(2)、お玉。

① 鶏肉は食べやすい大きさに切る。

② だし汁に、しょう油、塩で味付けをして温め、鶏肉を入れて火にかける。ひと煮立ちさせて、あくを取る。

さらっと仕上げるのにご飯を洗っておくといいの。

③ 冷ご飯をざるに入れ、水をかけてざっと洗い、ねばりを取る。水気をよくきって②の中に入れ、またひと煮立ちさせる。

④ とき卵を「の」の字を書くように流し入れ、さっと混ぜ、火を止める。ふたをして蒸らし、小口切りにしたみつばと、のりをちらして食べる。

⑳ 防災の日

◆9月1日
- 厚手の鍋で炊くご飯
- 乾物サラダ
- パンケーキ

「天災は忘れたころにやってくる」、日ごろの心構えが大切。

行事のいわれ

大災害のあとはまさにサバイバル。いざというときの準備をしておきましょう。

「防災の日」は、かつては「震災記念日」といいました。1923（大正12）年の9月1日に起きた関東大震災の教訓を忘れないためと、この時期に多い台風への心構えの意味が込められています。「防災の日」となったのは1960（昭和35）年からです。

この日は、暦の上で立春から数えて210日目にあたり、昔からとくにこの日を"二百十日"とよび、台風が来ることが多い日とされてきました。実際に、この時期は毎年いくつもの台風がおそってきます。

「災害は忘れたころにやってくる」とことわざにある通り、大災害は人々が忘れかけたころになって突然おそってきます。ですから、いざというときに備えて、避難場所の確認や"非常持ち出し袋"を用意しておきましょう。袋の中にはひとりですばやく持ち出せる最低限のものを入れておき、1年に1度、必ず点検しましょう。電池やミネラルウォーター、非常食などは、古くなっていてはかんじんのときに役立ちません。必ず新しいものと交換しておきます。

震災のときは、重い家具や冷蔵庫など大型の電気製品がたおれる被害が出ます。不安定な家具や、上から物が落ちてくるなどの危険がないか、この機会に家の中やまわりをいっせい点検しましょう。

"非常持ち出し袋"以外にも、水やインスタント食品などを別の場所にストックしておくと安心です。

いざというときのために、通常のガスや電気などを使わないサバイバル料理で、この日一日を過ごしてみてはいかがでしょう。

●厚手の鍋で炊くご飯

炊飯器が使えないとき、ちょっと厚手の鍋でご飯を炊いてみましょう。しっかりおこげができますが、それもなかなかおいしいものです。

〈材料〉（2人分）

米……………………… 2カップ
水……………………… 2カップ半

〈使う道具〉

鍋、ボウル、ざる、しゃもじ。
（＊米は炊くと2.5倍くらいになるので、鍋は米の高さの3～4倍の高さのものを使う）

キャンプのときや、炊飯器が故障したときなど、おぼえておけば、きっと役に立つわよ。

吸水は忘れずにね。おいしく炊けるだけでなく、失敗しにくくなるの。

① 米をとぎ、5～6回すすいで30分ほど吸水させる（無洗米だとつけるだけでよい）。

② 水を切って分量の水を入れる。

③ 鍋にふたをして火にかけ、まず10～15分強火で炊く。ふき出したら弱火にして10～15分。絶対に、途中でふたを取らないこと。

④ 火を消して10分そのまま蒸らしておいてから、ふたを取り、しゃもじで上下を返してふんわりさせる。

●乾物サラダ

燃料が貴重なときの、火を使わないでつくれるおかずです。乾物は、常温保存ができて必要なだけ使えるすぐれた保存食。日ごろから使いなれておきましょう。

〈材料〉
- きりぼし大根……………… 20g
- 乾燥わかめ………………… 5g
- かんてん…………………… 1本（8g）
- 調味料
  - しょう油………… 小さじ1
  - 酢………………… 大さじ1〜2
  - ごま油…………… 小さじ1

〈使う道具〉
キッチンバサミ、ポリ袋（2枚）。

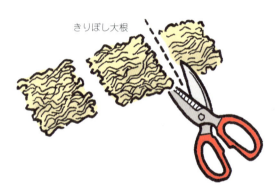

① きりぼし大根は、キッチンバサミで半分から3分の1の長さに切る。

② ポリ袋に①のきりぼし大根と乾燥わかめを入れて、そこに水100ccを入れてもどす。
別のポリ袋にかんてんを入れ、100ccの水を加えて、もみほぐす。

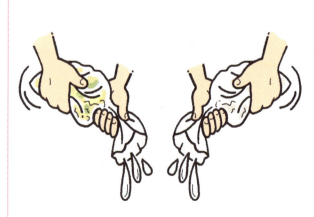

缶詰のスイートコーンを加えてもおいしいですよ。

③ 2つの袋を外から押して、水をしぼり出す。

④ ひとつにまとめ、調味料を加えて味付けする。

●パンケーキ

〈材料〉
Ⓐ ┌ 薄力粉……………………1カップ
　├ コーンスターチ………1/2カップ
　├ スキムミルク…………1/2カップ
　└ ベーキングパウダー……小さじ1.5
卵………………………………………1個
牛乳……………………………1/2カップ
砂糖……………………………1/4カップ
油………………………………………適量

災害時、水はたいへん貴重になります。洗いものをする水はもちろん、ご飯を炊く水さえも節約しなければなりません。そんなとき、こんなパンケーキはいかがでしょう。

〈使う道具〉
フライパン、菜ばし、フライ返し、ポリ袋、キッチンバサミ。

① ポリ袋にⒶの粉を全部入れ、口をしっかり持って、外からもんで混ぜ合わせる。

② ①に、砂糖、卵、牛乳を加えて、さらにもんで混ぜる。これがパンケーキのタネ。

③ フライパンに薄く油をひき、たたんだティッシュでふき取る。②のポリ袋のはしをキッチンバサミで切り、パンケーキのタネをたらりと流し込む。弱火でゆっくり焼く。

④ 表面にポツポツと穴があきはじめたら、ひっくり返す。両面がこんがり焼けたらできあがり。

㉑ 月見（中秋の名月）

◆9月18日ごろ

- お月見団子
- 里芋のきぬかつぎ
- 里芋のゆず味噌煮

今晩はテレビも明かりも消して、まんまるお月さんとお食事。

行事のいわれ

万葉の昔から、月には神秘的な力があると信じられていました。

　旧暦の8月15日、現在は9月18日ごろの満月のこの日を「十五夜」とよびます。また、旧暦では7月から9月までが秋で、まん中の8月は「中秋」といわれているために、この月の満月を「中秋の名月」とよぶようになりました。

　日本では「万葉」の時代から月は神秘的な力を持つものとしてあがめられ、信仰されてきました。かぐや姫でおなじみの『竹取物語』は月に特別な意味をもたせた物語です。

　十五夜の行事は唐の時代の中国で行われたのがはじまりです。それが日本に伝わったのは平安時代です。そのころのお月見は貴族たちの優雅な遊びで、宴とともに月をテーマに和歌をつくる歌会が行われました。

　室町時代になると、庶民のあいだでもお月見が行われるようになり、江戸時代になってからはいっそう盛んになりました。

　十五夜のお供えで欠かせない月見団子は、このころからのものです。ほかに、きぬかつぎ芋、枝豆、栗などを盛り、お神酒を供えて秋の草花を飾りました。これらのお供え物の品目は、いまでも多くの家庭にひきつがれています。

　お供えする団子の数は、旧暦の月の数というのが一般的で、平年は12個、数年に1度、ひと月余分の閏月のある年は13個お供えします。

　地域によっては"お月見泥棒"といって、子どもたちがお供えの団子を盗む風習があります。もちろんほんとうの泥棒ではなく、たくさん盗まれるほど縁起がいいとされています。

　いまではほとんど忘れられましたが、ナスに萩の箸で穴をあけてその箸を3度通し、穴から月を見ると目がよくなるといういい伝えもありました。

●お月見団子

〈材料〉（15個分）
- 上新粉……………………180g
- 砂糖………………………30g
- 塩…………………………少々
- かたくり粉………………適量
- ぬるま湯…………………150cc

暦には、太陽を中心にした太陽暦と、月を中心にした太陰暦があります。農家では月の暦を大切にしてきました。お月見団子は実りの神へのお供え物です。

〈使う道具〉
ボウル、ふるい、蒸し器、すりこぎ、ふきん。

① 上新粉、砂糖、塩を混ぜて、ぬるま湯を入れ、手でもむようにこね、まとめる。

② ①をいくつかにちぎって分け、内側にふきんを敷いた蒸し器で約25分蒸す。

③ 蒸し上がったらボウルに入れ、熱いうちにすりこぎで、餅をつくようにつきあげ、生地を15個に切り分ける。

④ かたくり粉を手につけてきれいに丸め、蒸し器でさらに5分ほど蒸す。蒸し上がったら、火からおろしてさます。

お好みで、きな粉やあんこをつけて食べる。

●里芋のきぬかつぎ

きぬかつぎは、皮付きのまま洗った里芋を、蒸すか塩ゆでにしたもの。皮がむけるときに、まるで服を脱ぐような感じになるので、「きぬかつぎ」といいます。

〈材料〉（4人分）
- 里芋（小）………………20個
- 八丁味噌…………………1/3カップ
- 砂糖…………………………1/3カップ
- みりん………………………1/3カップ
- ゆずの皮……………………少々

〈使う道具〉
たわし、包丁、まな板、蒸し器、ふきん、竹ぐし、鍋、おろし金、木べら。

① 里芋をたわしでよく洗って水気をふき取り、皮を全部むかずに根っこのほうを少し切り落としておく。

② ふきんを敷いた蒸し器に里芋をならべ、強火で約15分ほど蒸す。竹ぐしをさして、通ったら、蒸し器から取り出す。

③ 鍋に八丁味噌、砂糖を入れてよく混ぜ、弱火にかけて、みりんを少しずつ加えながら練り混ぜる。最後にゆずの皮をおろし金で数回おろして加える。

蒸さずに塩ゆでにして、そのまま食べてもおいしいです。

④ ③のたれをつけて食べる。里芋は、頭のほうを指でつまむと飛び出す。

●里芋のゆず味噌煮

〈材料〉（4人分）
- 里芋　　　　　　　　　500g
- A だし汁　　　　　　　2カップ
-   砂糖　　　　　　　　大さじ2
-   みりん　　　　　　　大さじ4
- B 白味噌　　　　　　　1/2カップ
-   だし汁　　　　　　　1/2カップ
- ゆず　　　　　　　　　　1個

最近では、里芋を知らない子どもたちが増えているとか。ほとんどの野菜が一年を通じて手に入りますが、里芋は、米よりも以前に栽培されていた大切な食べ物です。育つ過程も見せてあげたいですね。

〈使う道具〉
包丁、まな板、鍋、おろし金、菜ばし、ホットクッキングシート（またはアルミホイル）、キッチンペーパー、スプーン（または木べら）。

① 里芋はよく洗い、5分ほどゆでる。冷水につけて、キッチンペーパーなどで持って、スプーンやバターナイフで皮をむく。

＊手がかゆくなったときは、お酢を手にぬって洗い流すとよい。

② Aを入れて、おとしぶたをし、さらにふたをして弱火で里芋がやわらかくなるまで煮る。

③ 汁気がなくなったところに、Bの白味噌をだし汁でといて加え、弱火でしばらく煮る。

④ ゆずの皮をすりおろして里芋にからめる。器に盛りつけたあと、ゆずの皮を小さくそいでのせる。

㉒ 秋の彼岸

◆9月23日ごろ

- ひなび田楽
- ナスのけんちん煮
- おから

お彼岸の時期は、命を考える食事をする。

行事のいわれ

精進料理は仏教の考え方、不殺生の料理です。

　秋のお彼岸は秋分の日をはさんだ1週間です。お彼岸の中日やお盆は「精進日」と言われて生き物を殺すことをしない日とされています。

　仏教では、人間も他の動植物も同じ命を持っているという考えがあり、食べるということは「ほかの命をいただく」ことだとされています。

　しかし、食べなければ人間は生きていけませんから、せめて動物だけでも殺すのをひかえ、殺生を最小限にとどめるように、野菜や豆類、穀類といった植物性のものだけを工夫してつくられているのが精進料理です。

　お坊さんが精進料理をつくったり食べたりすることは、仏教の修行であり、食を通して命のあり方やかかわり方を考え、釈迦の教えを学ぶことです。素材の無駄をなくし、その味を生かしておいしくつくることも、命をうやまい、感謝することの表れです。

　さて、厳密な精進料理では、だしもすべて動物性ではなく、昆布、しいたけや乾物のつけ汁、煎り豆など植物性のものを使います。動物性のだしがなくても十分おいしく食べられます。

　また、動物の肉や魚の代わりになるようなものもたくさんつくられました。たとえば、「がんもどき」は肉の代用として使われるものですが、豆腐を使って「雁」の肉に似せてつくった"がん"もどきです。

　精進料理の材料にはそのほか高野豆腐、湯葉、麩、寺納豆、こんにゃくといったものもよく使われます。動物の肉や魚を食べないというと、一見、粗食に思えますが、たんぱく質豊富な大豆食品を用いて栄養バランスをとっています。

●ひなび田楽

〈材料〉(4人分)
里芋(大)‥‥‥‥‥‥4個
焼き豆腐‥‥‥‥‥‥1丁
こんにゃく‥‥‥‥‥1枚
水‥‥‥‥‥‥‥‥2カップ
だし昆布(名刺大)‥‥‥2枚
Ⓐ しょう油‥‥‥‥大さじ2
　 砂糖‥‥‥‥‥‥大さじ1
　 酒‥‥‥‥‥‥‥大さじ2

〈田楽味噌〉
●赤味噌タイプ
　赤味噌‥‥‥‥‥大さじ4
　砂糖‥‥‥‥‥‥大さじ4
　みりん‥‥‥‥‥大さじ2
　だし汁‥‥‥‥‥大さじ2
　すりごま‥‥‥‥大さじ2
●白味噌タイプ
　白味噌‥‥‥‥‥大さじ4
　砂糖‥‥‥‥‥‥大さじ4
　みりん‥‥‥‥‥大さじ2
　だし汁‥‥‥‥‥大さじ2
　ゆず‥‥‥‥‥‥適量

伝統的な精進料理はとても厳格でだしも動物性のものは使いません。たんぱく質は人間に欠かせないものですが、植物性のものでも十分にとれることがわかります。

〈使う道具〉
包丁、まな板、鍋、小鍋、竹ぐし、すり鉢、すりこぎ、木べら、テーブルナイフ。

① 材料を下ごしらえする。
里芋は水洗いし(187ページ参照)、さっと表面をゆでこぼして皮をむいておく。
こんにゃくは棒状に切り、塩ゆでする。焼き豆腐は適当な大きさに切る。

② 鍋に水、だし昆布を入れ、だし汁をつくる。調味料Ⓐを加え、材料を入れて煮ふくませる。味がしみたらそれぞれ竹ぐしにさしておく。

③ 味噌をつくる。〈赤味噌タイプ〉
鍋に材料(だし汁、赤味噌、砂糖、みりん)を入れ、弱火で練る。ぽってりしたらすりごまを加える。〈白味噌タイプ〉も同じようにつくる。

④ 材料に③の味噌をのせて食べる。

●ナスのけんちん煮

"おふくろの味"といわれる野菜の煮物。めんどうに思われがちですが、これはだれにでも簡単にできる、おふくろの味のひとつです。

〈材料〉（4人分）
- ナス……………………400g
- 干しエビ………………20g
- 豆腐（もめん豆腐）……1丁
- Ⓐ しょう油……………大さじ3
  砂糖…………………大さじ1と1/3
- ごま油…………………大さじ2

〈使う道具〉
包丁、まな板、鍋、ざる、木べら、キッチンペーパー。

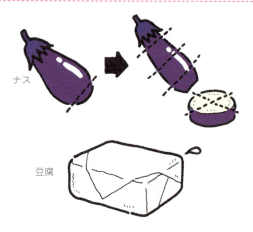

① 下ごしらえをする。
　ナスはヘタを取り、厚さ2cmくらいに切る。
　豆腐はキッチンペーパーで包んで水を切る。

はねるから、静まるまでふたをしておいてね。

② 鍋でごま油を熱し、鍋ぶたの内側に豆腐をのせ、軽くつぶしてふたを返しながら鍋に入れる。

こげめをつける。

③ 豆腐を軽く煎りつけ、エビ、ナスを入れて、Ⓐの調味料で味付けする。

④ ナスに火が通ったらできあがり。

●おから

〈材料〉（4人分）
- おから……………………100g
- にんじん…………………30g
- ごぼう……………………30g
- 油揚げ……………………1枚
- 青ねぎ……………………1本
- ごま油……………………大さじ1
- Ⓐ
  - しょう油…………大さじ2
  - 砂糖………………大さじ1
  - みりん……………大さじ1
  - だし汁……………2カップ

おからは豆腐のもとになる豆乳をしぼった残りで、栄養たっぷりな食べ物です。おからが「空（から）」に通じることをきらって、その形から「卯の花」とか、切らなくても料理ができるので「雪花菜」ともよばれています。

〈使う道具〉
包丁、まな板、鍋、木べら、菜ばし、ピーラー。

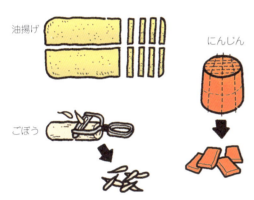

① にんじんは短いたんざく切りに、油揚げは千切りに、ごぼうはささがきにする。

② 鍋でごま油を熱し、①の材料をさっといため、Ⓐを加えてやわらかくなるまで煮る。

③ おからを入れ、味を全体にしみこませ、煎りつけていく。
最後に、小口切りにした青ねぎを加えて混ぜ、できあがり。

●卯の花あえ

〈材料〉（4人分）
- おから…………100g
- 〈合わせ酢〉
  - 酢……………大さじ2
  - 砂糖…………大さじ1
  - だし汁………大さじ2
  - 塩……………少々
- 卵………………1個
- しめさば、キュウリの薄切りなど。

① おからをテフロンのフライパンで、ぽろぽろになるまでから煎りする。

② 合わせ酢をつくり、おからに少しずつ混ぜながら煎り、最後にとき卵を加える。これに、しめさばや、キュウリの薄切りなどを混ぜる。

㉓ 敬老の日

◆9月の第3月曜日

● 茶碗蒸し

人生の大先輩、お年寄りに敬意を表して長寿を祈る日。

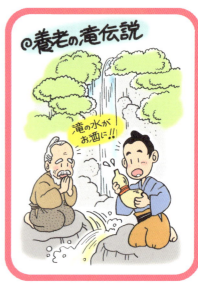

養老の滝伝説

滝の水がお酒に!!

行事のいわれ

お年寄りの話には、忘れてはならない大切なことがたくさんあります。

　敬老の日は1966年に国民の祝日として制定されました。「国民の祝日に関する法律」（祝日法）には「長年、社会につくしてきたお年寄りをうやまって、長寿をお祝いしましょう」という意味のことが書かれています。

　敬老の日の起源は、聖徳太子（574年～622年）が推古天皇元（593）年大坂（いまの大阪）に四天王寺を建てたときからという説があります。四天王寺は敬田院・悲田院・施薬院・療病院の四箇院（4つの建物）で、そのうちの悲田院が、いまでいう老人ホームでした。それができたのが9月15日だったことから、この日が敬老の日とされたという説です。

　また、有名な「養老の滝伝説」がもとになっているという説もあります。その逸話を聞いた元正天皇が、霊亀3（717）年9月に養老の滝に行き、元号を養老と改めたという話があります。この昔話から、9月の中ごろにお年寄りを招待して敬老会を開くことが大正時代から行われていました。そこで9月15日を敬老の日に定めたといわれています。

　兵庫県のある村の村長が、「お年寄りの力を借りて村づくりをしよう」と「としよりの日」を定めたのが国民の祝日としての敬老の日になった直接のきっかけです。

　2016年9月の時点で、100歳以上のお年寄りは全国で6万5692人。100歳になるとそれぞれの自治体から記念品などが贈呈されます。

　おじいちゃんやおばあちゃんの話には、いつまでも残しておきたいことがたくさんあります。この日はお年寄りを囲んで昔話に耳をかたむけてはいかがでしょうか。

●茶碗蒸し

〈材料〉（4人分）

- 卵・・・・・・・・・・・・・・・・・・・・・・・2個
- Ⓐ
  - 塩・・・・・・・・・・・・・・・・・小さじ1/2
  - しょう油・・・・・・・・・・・・小さじ1
  - みりん・・・・・・・・・・・・・・小さじ1
- 〈だし汁〉
- 水・・・・・・・・・・・・・・・・・・・・・・100cc
- かつおぶし・・・・・・・・・・・1/4カップ
- 昆布（3cm×4cm）・・・・・・・・・・1枚
- 〈具〉
- 鶏肉・・・・・・・・・・・・・・・・・・・・・100g
- エビ・・・・・・・・・・・・・・・・・・・・・・4尾
- 〈そのほかの具〉
- ゆり根、みつば、しいたけ、ぎんなん、焼あなごなど。1人分約50g。

お年寄りから子どもまで、だれにでも好まれる茶碗蒸しですが、いざつくるとなると、スが立ってしまったりしてあんがいむずかしいものです。そのコツは火加減にあります。

〈使う道具〉

包丁、まな板、手付きざる、お玉、ボウル、蒸し茶碗、蒸し器、菜ばし、竹ぐし。

① 具を小さめのひと口大に切り、先に器に入れておく。

② 卵を割りほぐしてⒶを入れ、だし汁でのばす。
目のあらい手付きざるでざっとこし、なめらかな液にする。

③ 具を入れた器に、②をすべて同じ量になるように入れる。

④ 十分に湯気が上がった蒸し器に器をならべ、ふたをうかして蒸気の逃げ道をつくり、強火で約10分蒸すと、やわらかく固まる80℃の温度になる。表面がかたまり、竹ぐしをさしてみて液が透き通っていたらできあがり。

◆地獄蒸し
蒸し器がなかったら、お鍋でもできます。

地獄蒸しという方法よ。

強火で3分、ごく弱火で10分。

㉔ 七五三(しちごさん)

◆11月15日
- 紅白(こうはく)なます
- かき揚(あ)げ
- きな粉飴(こあめ)

無事(ぶじ)に成長(せいちょう)したことへのお祝(いわ)いと、これからの健康(けんこう)と幸(しあわ)せを祈(いの)って。

@江戸時代の飴売り 千歳飴を売り出した。

行事のいわれ

昔(むかし)は、子どもが7歳まで育(そだ)つのは大変(たいへん)なことでした。

　11月15日に3歳(さい)になった男の子と女の子、5歳の男の子、7歳の女の子の成長(せいちょう)をお祝(いわ)いするのが七五三(しちごさん)です。地域(ちいき)によっては男女の区別(くべつ)をしないこともあるようです。

　江戸時代以前は、お正月や誕生日(たんじょうび)に行っていたそうですが、徳川(とくがわ)5代将軍綱吉(しょうぐんつなよし)(悪名(あくめい)高い「生類憐(しょうるいあわれ)みの令(れい)＝お犬(いぬ)さま」で有名な将軍。1646年〜1709年)が自分の子どものお祝いを天和元(てんわがん)(1681)年11月15日に行ったことから、この日になったといわれています。

　もともとは宮中の行事でしたが、武家社会(ぶけしゃかい)では、男女とも3歳になると髪(かみ)を結(ゆ)い(髪結(かみゆ)いの祝)、男の子が5歳になると袴(はかま)を着せて碁盤(ごばん)の上に立たせ(袴着(はかまぎ)の祝)、女の子が7歳になると紐(ひも)の代わりに帯をしめる儀式(ぎしきおびとき)(帯解きの祝)になりました。

　かつての日本では、子どもの死亡率(しぼうりつ)がとても高かったので、7歳まではまだ人間の世界に入ったとはみなされず、「七歳までは神のうち」といわれるほどでした。このお祝いにはそれぞれの年まで無事(ぶじ)に育った喜(よろこ)びと、感謝(かんしゃ)の気持ちが強く込められていました。

　ユニセフによると、現在でも発展途上国(はってんとじょうこく)では幼(おさな)い子どもの生存率(せいぞんりつ)がとても低く、江戸時代の日本とほぼ同じだそうです。それは慢性的(まんせい)な飢餓(きが)による栄養不足(えいようぶそく)、健康についての知識不足(ちしき)、貧(まず)しさなどが原因です。

　さて、七五三でおなじみの「千歳飴(ちとせあめ)」は元禄(げんろく)時代に江戸浅草(あさくさ)の飴売(あめう)りが売り出したのが最初(さいしょ)と言われています。飴は長寿(ちょうじゅ)を願(ねが)って細長(ほそなが)く、縁起(えんぎ)がよいとされる赤と白に色がつけられています。袋(ふくろ)には、これも縁起がよいとされる、鶴(つる)と亀(かめ)、松竹梅(しょうちくばい)が描(えが)かれているものがふつうです。

●紅白なます

〈材料〉（4人分）
- 大根……………………… 300g
- 金時（京）にんじん……… 1/4本
- 薄揚げ…………………… 1枚
- 煎りごま（白）………… 大さじ2
- Ⓐ
  - 塩………………… 小さじ1/2
  - 水………………… 大さじ2
- Ⓑ
  - だし汁…………… 大さじ1
  - 酢………………… 大さじ2
  - 砂糖……………… 大さじ1と1/2

お祝など、おめでたい席では、その気持ちを表すのに紅白（赤と白）が使われます。それを食べ物で表現したお料理です。

〈使う道具〉
包丁、まな板、ピーラー（スライサー）、ボウル（大）、ボウル（小2）、すり鉢、すりこぎ、菜ばし。

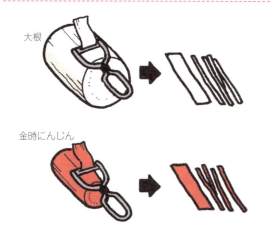

① 大根、にんじんは皮をむいて、ピーラーで細い薄切りにする（細切りのスライサーを使ってもよい）。

② Ⓐの塩と水を混ぜ合わせたところに①を入れ、しばらくおいてしんなりさせる。

③ 薄揚げは、菜ばしを両端に入れ、あおりながらこげ目がつくまで焼く。
焼けたら菜ばしをはずし、千切りにする。

④ すり鉢でごまをすり、そこにⒷを入れる。
薄揚げ、しぼった大根、にんじんをⒷで和えてできあがり。

195

●かき揚げ

天ぷらは大人でも上手に揚げるのはむずかしいもの。上新粉を使って子どもでもカリッと揚げられるウラ技をご紹介します。

〈材料〉（4人分）
- 春菊（葉のみ）･････････ 15g
- たまねぎ･････････････ 45g
- むきエビ（生）･････････ 100g
- さつまいも･･･････････ 100g
- 上新粉･･･････････････ 大さじ6
- 卵･･･････････････････ 1個
- 揚げ油･･･････････････ 適量

〈使う道具〉
包丁、まな板、ボウル（大・小）、フライ鍋、菜ばし（2組）、揚げバット、揚げあみ、フライ返し、ざる、ホットクッキングシート、キッチンペーパー。

① 春菊は、葉の部分だけ使い、3cmくらいの長さにちぎる。たまねぎは、繊維に沿って薄切りにする。むきエビは塩水でさっと洗って水気をふき取り、背わたを取る。さつまいもは平らなところを下にして、上から押さえて薄切りにし、棒状に切る。

② 春菊以外の材料をボウルに入れ、上新粉を入れて混ぜ合わせる。
卵を入れて衣をからめ、春菊を加えて混ぜる。

③ ホットクッキングシートのまん中に、揚げる具をまるくまとめてのせる。ひとり3個ずつ、4人分で12個つくる。

④ 180℃に熱した油の中に、フライ返しを使ってそっと入れる。ホットクッキングシートがはなれて浮いてくるので取りのぞく。カリッときつね色になったら、揚げあみに取り出して、油を切る。

●きな粉飴

〈材料〉
- きな粉　　　　　　　　　250g
- 砂糖　　　　　　　　　　190g
- 水飴　　　　　　　　　　110g
- 水　　　　　　　　　1/2カップ
- きな粉（とり粉）　　　　　適量

きな粉を加えると、口当たりのやわらかい飴ができあがります。あまり手間がかからず簡単で、まるで粘土細工をつくるように、いろいろな形でできます。

〈使う道具〉
木べら、片手鍋、バット、包丁、まな板。

煮つめ加減でかたさが変わります。ここでは少しやわらかめ。

① 砂糖、水飴、水を鍋に入れ、中火で煮つめる。プツプツと泡が出てきたところで火を止める。

② きな粉を入れ、味噌状になって汁気がなくなるまで木べらで混ぜる。

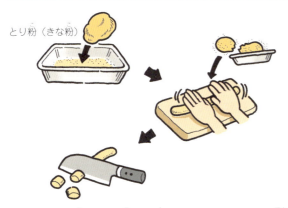

③ ②をとり粉（きな粉）を敷いたバットに移す。適当な大きさにちぎってとり粉をまぶし、まな板の上で棒状にのばす。包丁でチョンチョンと切ってできあがり。

●そら豆
形をつくって竹ぐしですじを入れる。

●わらび

●もも

④ ねんど細工のように、いろいろな形がたのしめる。

＊かたく煮つめて熱いうちに形をつくれば、冷めたときカチンカチンの飴になります。

㉕ 冬の保存食

◆秋から冬にかけて
- ぬか漬け
- のりつくだ煮
- そぼろふりかけ

食べ物を保存するための"漬け物"は、新しい味の発見だった。

行事のいわれ

漬け物は、ビタミンたっぷりの栄養食品です。

冷蔵庫も冷凍庫もなかった時代、人々は食べ物を保存するためにさまざまな方法を考え出しました。とくに食べ物の不足しがちな冬には、夏や秋に収穫したものを冬のあいだじゅう保存しておかなければなりませんでした。

なかでも「漬け物」は、漬けることで栄養価が高くなって、また、いっそうおいしくなることから、食べ物を保存することに不自由しなくなった現代でも、とても親しまれています。

漬け物は日本だけでなく、おとなりの中国や韓国でもそれぞれのお国がらに合わせて、現代に伝えられています。とくに韓国料理につきもののキムチは、日本でももっとも人気のある漬け物のひとつになっています。

日本での漬け物の歴史は古く、8世紀の天平年間にまでさかのぼります。世界遺産の平城宮から発掘された木簡に「滓漬」という文字が書かれていました。つまりこれが"ぬか味噌漬け"の元祖です。その後もさまざまな古い書物に漬け物のことが紹介されています。

漬け物に塩はなくてはならないものですが、昔から塩はたいへん貴重なもので、そのために漬け物はあるていど身分の高い人でなければ食べることができませんでした。

おなじみの"ぬか味噌漬け"が考え出されたのは江戸時代の初めです。米を白米に精米すると出てくる「ぬか」を使っていますから、まさにいまいうリサイクルです。ぬかは、玄米の表面の部分で、とても栄養価が高いことで知られていて、最近では玄米食の家庭も増えてきています。ぬか味噌漬けは、ビタミンなどを豊富に含む、栄養満点の漬け物です。

●ぬか漬け（ぬか床のつくり方）

〈材料〉
- 米ぬか………10カップ（約750g）
- 水……………………2.5カップ
- あら塩………………3/4カップ
- 粉がらし……………3/4カップ
- 煎り大豆……………1/2カップ
- 昆布（1cm×1cm）…………1枚
- 青梅（または梅酢や梅干し）…10個
- 漬け物用の鉄………………1個

〈漬ける野菜〉
キュウリ、ナス、大根、ピーマン、葉もの野菜、にんじんなど。

ぬか漬けは、発酵したぬかに漬け込むことでおいしさが増すだけでなく、栄養価も高まります。米の皮である「ぬか」を利用するというのは、いかにも米を大切にするという日本人ならではの知恵ですね。

〈使う道具〉
まな板、包丁、鍋、ぬか漬け用の容器、漬け物用の鉄。

＊漬け物用の鉄：よくクギが使われるが危険。漬け物用の鉄が市販されている。

① ぬかに粉がらしを混ぜる。そこにあら塩を水でといて入れ、味噌よりもやや固めに混ぜ合わせる。

② ①に煎り大豆、青梅、昆布、漬け物用の鉄を加えて、容器にすきまなくつめる。

③ 野菜の下ごしらえをする。

キュウリ、ナスは塩でこする。
大根は塩をふってしばらくおき、水気をふく。
ピーマンはヘタとタネを取り、セロリはすじを取り、かぼちゃは薄切りにして、それぞれ湯通しして漬ける。
にんじんは皮をむく。
葉ものは湯通しするか塩をふってしんなりさせる。

ぬか床がゆるくなったら、キッチンペーパーで水分を吸い取り、粉がらしをたす。

④ ふたを開けたとき、ちょっとでもすっぱいにおいがしたら、粉がらしをたっぷりと加えて調節する。

＊青梅の季節が来たら、古い梅を取り出して新しい青梅と煎り大豆を入れる。昆布は時々たし、ぬかも時々加えて同じくらいのかたさをたもつようにする。

●のりつくだ煮

〈材料〉
- のり（全形）……… 10枚（1丈）
- 水……………… 2.5カップ
- しょう油……… 1/4カップ
- みりん………… 1/4カップ

破れていたり多少古くなったのりでも、最高ののりのつくだ煮ができます。よい調味料を使って煮ると天下一品ののりのつくだ煮のできあがり。

〈使う道具〉
鍋、ざる、ボウル、木べら。

洗うと日なたくささが抜けるの。

くっついてしまった味付けのりでも、洗えば使えます。

① のりはたっぷりの水につけてざっと洗う。

② みりん、しょう油、水を鍋に入れ、そこに洗ったのりを加える。

③ 15分くらいコトコト煮て、とろっと煮つまったらできあがり。

●磯和え・ピリカラつくだ煮

ゆでた青菜、短冊に切った長芋、なっとうなどをのりのつくだ煮で和えると「磯和え」ができます。

- しょう油…1/4カップ
- みりん…大さじ2
- 水…2カップ
- 豆板醤…小さじ1/4

で、のりを煮ると、ピリカラつくだ煮のできあがり。

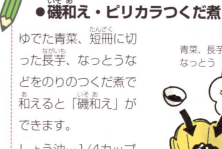

青菜、長芋、なっとう

など

辛！

●そぼろふりかけ

ふりかけも、保存食のひとつです。この"そぼろふりかけ"は短時間で簡単にできます。そぼろは煮つめるのではなく、最後に乾いたかつおぶしに水分を吸わせるのが失敗しないコツです。

〈材料〉
- 粉がつお……………………50g
- だし昆布……………………15g
- 〈酢水〉
  - 酢………………………大さじ1
  - 水………………………1/2カップ
- 乾燥きくらげ………………1/2カップ
- 松の実（またはカシューナッツ）………………………7g
- 煎りごま（白）………………5g
- 梅干し………………………2個
- Ⓐ みりん…………………大さじ2
  - しょう油………………1/4カップ
  - 砂糖……………………1/4カップ

〈使う道具〉
包丁、まな板、広口の浅鍋、ボウル、菜ばし。

① きくらげは熱湯につけてもどし、短い千切りにする。昆布も酢水につけてもどし、千切りにする。

＊だしをとったあとの昆布なら、そのまま千切りにする。

② ナッツはあらいみじん切りにする。梅干しは種を取り、包丁で細かくきざんでおく。

③ 広口の浅鍋でⒶを煮立て、①と梅干しを入れて2〜3分弱火で煮る。水分がなくなるくらいになり、こげそうになったら、粉がつおを加える。

しっかり煮つめてあると、長く保存できますよ。

④ かつおぶしが水分を吸い込み、そぼろ状になったらごまとナッツを加える。

㉖ 冬至

◆12月22日ごろ

- かぼどりの揚げ煮
- 白玉のかぼちゃあん
- かぼちゃのミルク煮

1年で昼がもっとも短い日。この日を境に太陽がよみがえる。

＊地球は23.4度傾いて太陽の周囲を回っています。冬至は地球から見た太陽がもっとも北にあるとき。

行事のいわれ

地球は23.4度傾いて公転しているので、四季があるのです。

「冬至」は、太陽が黄道のもっとも低い位置に来たときのことをいいます。黄道とは、地球から見て太陽が空を通る道のことです。黄道の中のもっとも南にある点を"冬至点"といいます。太陽がここに来たときが「冬至」です。

反対に、黄道の中のもっとも北にある点を"夏至点"といいます。また、冬至点と夏至点の中間、黄道と赤道が交わる点はそれぞれ"春分点""秋分点"といいます。

冬至は一年の中で昼がもっとも短い日ですが、つまり、この日を境にどんどん昼が長くなっていくことになります。そこで、大昔の日本では、この日から太陽がよみがえると考えて、豊作を祝うお祭りが行われていました。

さて、冬至といえば「ゆず湯」。ゆず湯に入ると肌がスベスベになったり、体が温まって風邪をひかないといわれています。これはゆずに、新陳代謝を活発にして血行をよくし、体を温め、殺菌作用もある成分が含まれているためです。

なぜ冬至にゆず湯かといいますと、冬至とお湯に浸かって病気を治す意味の"湯治"にかけているのです。また、ゆずも「融通がききますように」という願いが込められています。

中国では冬至を暦のはじまりとして「冬至節」を行い、疫病（伝染病）を払うために、小豆粥を食べる風習があります。一方日本では、冬至に「かぼちゃ」や「こんにゃく」を食べると厄よけになると信じられていました。

冬至にかぼちゃを食べると風邪をひかないといういい伝えもあります。かぼちゃはビタミンが豊富に含まれていますから、冬の寒さに耐える体をつくります。

●かぼどりの揚げ煮

冬至といえばかぼちゃ。しっかり味のしみた、かぼちゃと鶏の揚げ煮は、かぼちゃの味がひき立ちます。

〈材料〉（4人分）
- かぼちゃ……………………500g
- 鶏肉（もも）………………250g
- Ⓐ
  - 酒………………… 小さじ2
  - しょう油………… 小さじ2
  - かたくり粉……… 大さじ1/2
- Ⓑ
  - 砂糖……………… 大さじ1と1/2
  - 酒………………… 大さじ1と1/2
  - 酢………………… 大さじ1と1/2
  - しょう油………… 大さじ1と1/2
  - 水………………… 1カップ
- 揚げ油……………………… 適量

〈使う道具〉
包丁、まな板、鍋、ボウル、フライ鍋、揚げバット、揚げあみ、菜ばし。

① かぼちゃと鶏肉は、一口大に切る。鶏肉はⒶの調味料に10分ひたしてした味をつける。

② ①のかぼちゃはそのまま揚げ、下味をつけた鶏肉もカラッと揚げる。

③ 鍋にⒷを入れ、揚げた鶏肉とかぼちゃを入れて煮る。

④ 煮汁がほとんどなくなるくらい、鍋返しをして、からめるように仕上げる。

●白玉のかぼちゃあん

〈材料〉4人分

かぼちゃ	100g
鶏ひき肉	50g
たまねぎ	30g
塩	小さじ1/4
こしょう	少々
白玉粉	1カップ（100g）
水	1/2カップ

白玉粉は餅米の粉。白玉はなめらかな舌ざわりが特徴です。中に包むものはコロッケの具になるようなものなら何でもかまいません。練った白玉粉で包んで卵の形にします。

〈使う道具〉
包丁、まな板、鍋、フライパン、ボウル、フォーク、スプーン、ラップ、電子レンジ、あみじゃくし。

やわらか過ぎたら粉をたし、固過ぎたら水をたす。

① 白玉粉に水を加えて、ベタベタと手にくっつかないくらいのかたさに練る。

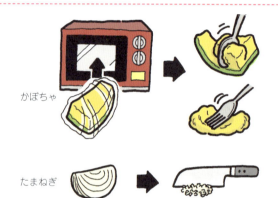

② かぼちゃは種を取り、さっと洗う。ラップでくるんで電子レンジで温め、スプーンでくり抜くように身を取り出し、熱いうちにフォークの背でつぶしておく。たまねぎはみじん切りにしておく。

③ フライパンを温め、油をひき、みじん切りにしたたまねぎと鶏ひき肉をいためる。塩・こしょうで味付けをする。ボウルに移す。

④ ③につぶしたかぼちゃを混ぜ、練った白玉粉で包んでゆでる。鍋の中で1度しずんで、ぽっかりと浮いてきたら火が通ったということ。あみじゃくしで取り出し、器に盛っていただく。

●かぼちゃのミルク煮

〈材料〉4人分

かぼちゃ	小1/2個
牛乳	2カップ
水	1カップ
砂糖	1/2カップ

煮物は和風だけではありません。ミルクをだしの代わりに使えば、風味豊かな洋風の煮物になります。

〈使う道具〉
包丁、まな板、片手鍋。

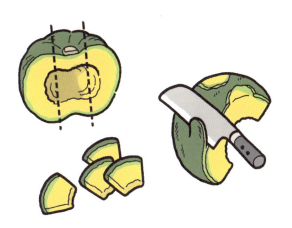

① かぼちゃはところどころに皮を残すていどに薄く皮をむき、2mmくらいの厚さの扇形に切る。

② 鍋に水とかぼちゃを入れ、砂糖を加えてやわらかくなるまで煮る。

③ ②にさらに牛乳を加えて弱火で煮ふくめる。

◆かぼちゃのはなし

　関東では「とうなす」、関西では「かぼちゃ」または「なんきん」とよばれていますが、「かぼちゃ」が一般的なよび名です。
　漢字で「南瓜」と書き、南の国のカンボジアから日本に伝えられたことに由来します。関東でのよび名「とうなす」は漢字で「唐茄子」、外国から来たナスという意味です。
　かぼちゃは大きく分けて「日本かぼちゃ」「西洋かぼちゃ」「ペポかぼちゃ」の3種類があります。
　日本かぼちゃはねっとりしていて、しょう油との相性がよく、日本料理に向きます。
　現在は調理法の多い西洋かぼちゃが主流で、甘みが強く、ほくほくした味わいがあります。
　ペポかぼちゃは、淡白な味です。そうめんかぼちゃ、ズッキーニなど、形がユニークなかぼちゃです。

㉗ クリスマスイブ

◆12月24日
- クリスマスケーキ
- ローストチキン
- てり焼きチキンもも
- ローストビーフ
- りんごのほったら菓子

子どもたちにとっては、サンタクロースのプレゼントがたのしみな日。

行事のいわれ

サンタクロースは聖ニコラウスという実在の人物がモデルです。

　12月25日はイエス・キリストの誕生を祝う日、クリスマスイブはその前夜祭です。クリスマスの前後、キリスト教の教会ではコンサートやミサや礼拝などがさかんに行われます。

　しかし、12月25日にキリストが誕生したという証拠は残っていません。ヨーロッパの古い暦では、12月25日は冬至にあたり、その日は太陽がよみがえると考えられたことから、キリストの誕生日にふさわしいとされてきたようです。

　サンタクロースの起原は4世紀に実際にいた聖ニコラウスがモデルです。聖ニコラウスは子どもたちを愛し、貧しい家には金貨を投げ入れたという逸話が残されています。この話がアメリカに移住したオランダ人のキリスト教徒によって伝わり、サンタクロースになったとされています。白いひげに赤い服のそりに乗ったサンタクロースのイメージは、アメリカの漫画家が考えたものです。

　クリスマスのシンボル、クリスマスツリーの起源は、いまから300年ほど前のドイツです。家の中にもみの木を立てて、ビスケットやりんごなどを飾ったのがはじまりとされています。

　クリスマスに必ず食べるものがあります。それは、苦労して初めて味わうことができるといわれる、人生の象徴「ナッツ」と、知恵の実とされる「りんご」です。

　クリスマスツリーの一番上に飾られる「ベツレヘムの星」から流れる細い銀のモールは「エンジェルヘア」といって、天使が通り過ぎた跡といわれています。クリスマスツリーにも、「ナッツ」と「りんご」が飾られます。

●クリスマスケーキ

クリスマスの定番、ナッツを入れたケーキです。泡立てをしない、ポリ袋でもむだけでできる、とても簡単なケーキです。

〈材料〉
- バター……………………110g
- 砂糖………………………100g
- 卵……………………………2個
- 薄力粉……………………100g
- アーモンドパウダー………50g
- ベーキングパウダー……小さじ2
- バター（ケーキ型にぬる）
- 粉砂糖（仕上げにふりかける）

〈使う道具〉
オーブン、まな板、手付きざる、ボウル、茶こし、ふきん、ポリ袋、ハサミ、ケーキ型（18cm）。

① ポリ袋にバターを入れ、やわらかくなるまでもむ。砂糖を入れ、さらにもみ、卵を加えてもっともむ。

② ①に、ふるいにかけた薄力粉、アーモンドパウダー、ベーキングパウダーを加えて、さらによく混ぜる。

つめで袋をやぶらないように注意してね。

③ バターをベタベタにぬったケーキ型に②をしぼり出し、180℃のオーブンで35分焼く。

④ 焼き上がったら、ふきんをしいたまな板の上に、上のほうを下にして出し、あら熱を取る。

⑤ 粉砂糖をふりかけ、柊などで飾る。

柊を飾って。

●ローストチキン

〈材料〉
- 鶏肉（とり）……………… 1羽（わ）（1.2kg）
- 塩 ………………………… 大さじ1
- こしょう ………………… 少々
- サラダ油 ………………… 大さじ1

＊ロースト：天火（てんび）などの直火（じかび）であぶり焼きにすること。

大きな肉をローストするのはお祝（いわい）につきものです。そもそもは野生（やせい）のキジが材料（ざいりょう）でしたが、それぞれの国によって、ターキー（七面鳥（しちめんちょう））になったり、チキンになったりしています。

〈使う道具〉
オーブン、まな板、包丁（ほうちょう）、アルミホイル、たこ糸（いと）。

① 鶏肉に、塩とこしょうを手でよくすりこむ。

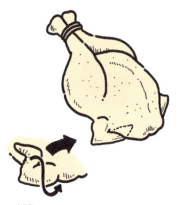

② 形（かたち）をととのえる。足をたばねてたこ糸（いと）でしばる。手羽（てば）はひねって、後（うし）ろ側（がわ）に折（お）り込（こ）む。

③ 天板（てんばん）にアルミホイルを敷（し）き、その上にラックをのせ、ラックに鶏をのせてサラダ油をかける。

④ オーブンに入れ、190℃の高温（こうおん）で40〜60分焼（や）く。途中（とちゅう）でこげそうになったら、キャベツやレタスをかぶせる。

焼いたチキンは、生のものよりさばきやすいわよ。

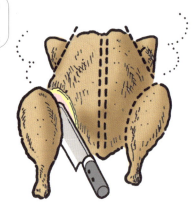

⑤ 焼き上がったら10分くらいおき、おちついてから切り分ける。

●てり焼きチキンもも

〈材料〉（4人分）
鶏骨付きもも肉 ……………… 4本
Ⓐ 砂糖 ……………… 大さじ1
　みりん …………… 大さじ2
　しょう油 ………… 大さじ3

1羽まるごとでは多過ぎる、というばあいには、もも肉のてり焼きはどうでしょう。1人ひとつ、人数分準備しましょう。

〈使う道具〉
オーブン、まな板、包丁、ポリ袋、アルミホイル。

むずかしかったら、大人の人と一緒にね。

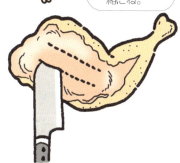

① もも肉は食べやすいように肉側から骨に沿ってすじを切っておく。

② 二重にしたポリ袋にⒶともも肉を入れ、空気を抜き、1時間以上おいて味をしみこませる。

③ アルミホイルを敷いたラックの上にもも肉をのせ、約160℃に温めたオーブンに入れ、皮にこげ目がつくまで焼く。

◆ローストチキンの飾り方

① 15cm×10cmの白い紙を1cmずらして二つ折りにする。

② 折った側を4〜5mm間かくで、くしの目のように切れ目を入れる。

③ ずらしていた両はしを合わせる。

④ チキンの足をホイルで巻き、その上から③をまきつけ、リボンでとめる。

クリスマスには、赤、みどり、金色などのリボンが合う。

●ローストビーフ

〈材料〉（10人分）

牛肉（ももの赤身かたまり）……… 1kg
塩……………………………… 小さじ1
こしょう（あらびき）………… 少々
サラダ油…………………… 大さじ1

牛のもも肉をかたまりのまま焼くシンプルな料理です。肉の表面5mmくらいが十分焼けていて、中がピンク色でもしっかり火が通っているのがちょうどよい焼き加減。おいしさを引き出すコツは火加減です。

〈使う道具〉

オーブン、まな板、包丁、アルミホイル。

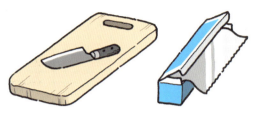

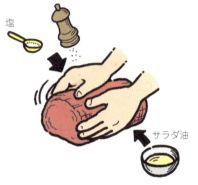

① 牛肉は塩とあらびきこしょうを手ですりこむ。さらにサラダ油をすりこむ。

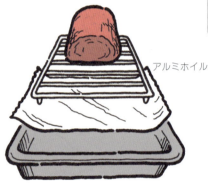

② 天板にアルミホイルを敷いて、その上にラックをのせ、それに牛肉をのせる。

低温でじっくり焼くと、肉汁が出ず、おいしく仕上がる。

③ オーブンに入れ、150℃で約1時間焼く。

熱いうちに切ると、肉汁が出てしまうの。

④ 焼き上がったら、そのまましばらくおき、あら熱を取ってから薄く切る。

◆ソースいろいろ

●オレンジソース

オレンジジュース3/4カップ／しょう油・みりん各大さじ2／酒またはワイン1/4カップ／砂糖大さじ1／にんにく少々／豆板醤少々

鍋でちょっととろみが出るまで煮つめる。肉にかけて食べる。

●りんごのほったら菓子

生地は混ぜるだけ、くだものも切るだけでできる簡単なケーキです。オーブンに入れるだけのほったら菓子で、できあがります。

〈材料〉
- りんご……………………2〜3個
- 卵……………………… 2個
- 砂糖……………… 1カップ
- サラダ油……………… 1/4カップ
- Ⓐ 薄力粉……………… 2カップ
  ベーキングパウダー… 小さじ1
- 飾り用粉砂糖……………… 少々
- （シナモン………… お好みで少々）

＊薄力粉の代わりに上新粉を使う方法もある。上新粉は1.5カップの量に。

〈使う道具〉
オーブン、ピーラー、包丁、まな板、ボウル、手付きざる、木べら、ケーキ型（21cm）。

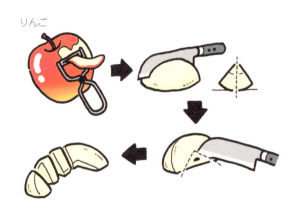

① りんごは皮をむき、厚めのいちょう切りにする。

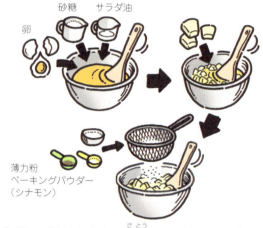

② 卵をボウルに入れ、砂糖、サラダ油を混ぜ、とろりとしたらりんごを加える。さらに、Ⓐをざるでふるって混ぜ合わせる。

かき、なし、いちじく、プラムなどのくだものでもできます。レーズンをたしてもおいしいですよ。

③ バターをぬったケーキ型に②を入れ、オーブンの中段に入れ、180℃で40分焼く。きつね色になったら焼き上がり。

④ ケーキを型から出して冷やしてから、粉砂糖をふってできあがり。

㉘ 餅つき

◆12月28日・または30日

- ずんだ餅
- からいもんねったぼ
- 焼き餅いろいろ

もうすぐお正月。お正月に欠かせない"お餅"をついておく。

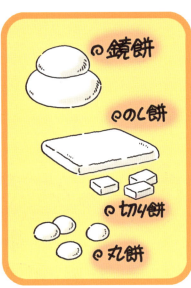

行事のいわれ

お餅は、その年の神さまへのお供え物です。

　日本の「お餅」は、うるち米より粘り気のある種類の「もち米」を、きねとうすでついてつくります。日本には古来よりとても大切なものやよいものを神様にお供えする習慣があり、そのお供えを御饌といいます。そのときの餅の形は丸で、これは「完全な形」や「たましい」を表すといわれています。

　大きなハレ（特別）の日であるお正月には、丸く平たい大小2つのお餅を重ねて供える鏡餅をつくります。地域によっては餅を3枚にしたり、ひとつを赤く着色したりして、縁起のよい紅白にしたものなどもあります。正月前のお餅つきは、12月28日が「八」の末広がりで縁起がよいとされています。29日は「苦（く）餅」になるとしてお餅はつかず、大晦日も一夜飾りになるのでつきません。これは準備の悪い生活を戒めているとされます。

　お正月のお雑煮に入れるお餅は、関西では丸い小餅、関東ではのし餅を切った切り餅が主流です。

　またお餅はハレの日には欠かせないもので、お祭りや家の新築、結婚など、うれしいことがあるときには「餅まき」といって小餅を投げて、人々と喜びを分かち合う習慣もあります。

　お餅はカビがつきやすいので長く保存するときはしっかりと包んで冷凍します。冷凍庫のなかった昔は、水につけて空気にふれないようにする、「水餅」という方法がとられていました。薄く切って乾燥させ、あぶったり油で揚げたりして、煎餅やあられにすることもできます。ふつう、餅はいったん冷えるとかたくなるので、必ず温めて食べます。

● ずんだ餅

〈材料〉
- ゆで枝豆（皮つき）………… 300g
- 砂糖………………………… 大さじ3
- 水…………………………… 大さじ1
- 塩…………………………… 少々
- 餅…………………………… 400g

ずんだ餅は、枝豆を使った宮城県地方のお餅です。「ずんだ」は豆を打つ、豆打（ずだ）がなまって「ずんだ」になったといわれています。豆は枝豆が使われます。

〈使う道具〉
耐熱皿、耐熱カップ、電子レンジ、すり鉢、すりこぎ、ラップ、菜ばし。

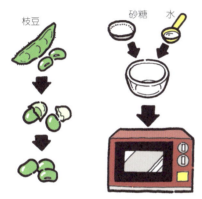

① ゆで枝豆は皮と甘皮を取り除いておく。砂糖と水を耐熱カップに入れて、ラップなしで電子レンジに1分かけてシロップをつくる。

② 枝豆をすり鉢に入れて、すりこぎでなめらかになるまですりつぶす。味をみながらシロップを少しずつ加え、餅にからみやすいかたさにのばす。最後に塩少々を加えて、味をととのえる。

つきたてのお餅なら、温めないで、そのまま丸めて枝豆にからめるとおいしいですよ。

③ 餅をさっと水に濡らして、耐熱皿におき、ラップをして、電子レンジに1～1分30秒かけて、やわらかくする。

④ 十分やわらかくなったら、手を濡らして食べやすい大きさにちぎり、②の枝豆にからめて、器に盛る。

●からいもんねったぼ

蒸したさつまいもを混ぜたお餅。冷めてもやわらかいままで食べられる、九州地方のお餅です。色も自然の色できれいです。

〈材料〉（10人分）
- さつまいも……………… 300g
- 餅………………………… 150g
- きな粉…………………… 25g
- 砂糖……………………… 35g
- 塩………………… ひとつまみ

〈使う道具〉
まな板、包丁、ホットクッキングシート、蒸し器、すり鉢、すりこぎ、ボウル。

ホットクッキングシートを敷いた上にのせて蒸す。

① さつまいもは皮をむき、大きめのくし切りにして15分ほど蒸す。

② さつまいもの上に餅をのせて、さらに5分ほど蒸す。
＊鍋でいもを煮たあと、一緒に煮てもよい。

③ すり鉢に移して、すりこぎでポタポタと音がするようにつく。なめらかになるまで混ぜる。

④ きな粉に砂糖と塩を混ぜておく。

⑤ 濡らした手で③を丸めて、きな粉をまぶす。

●焼き餅いろいろ

お餅の食べ方は、地方や各家庭でさまざまです。ここでは人気の3つの食べ方をご紹介しましょう。チーズを使った餅ピザもおすすめです。

〈使う道具〉　オーブントースター、ふた付きフライパン、アルミホイル、ホットクッキングシート、菜ばし、鍋、おろし金、ボウル。

◆磯辺焼き

昔は火鉢でお餅を焼きました。

① オーブントースターにアルミホイルを敷き、ホットクッキングシートをのせて、こがさないように餅を焼く。

② しょう油に砂糖をとかして、餅につける。適当な大きさののりをくるっと巻いてできあがり。

◆あべかわ餅

 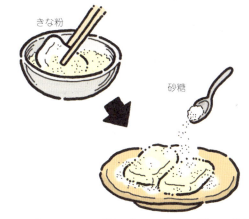

① オーブントースターで、こがさないように気をつけながら餅を焼く。ふくれたら、沸騰したお湯にサッとつける。

② きな粉をまぶして皿に盛りつけ、お好みの量の砂糖をふりかける。

◆みぞれ餅

お餅を焼くときは、こまめに返すとこげない。焼いてるときは、そばをはなれないようにね。

① ふた付きフライパンにホットクッキングシートを敷き、お餅をのせ、こがさないように気をつけて焼く。大根おろしの水気をしぼって、しょう油をかけておく。

② 焼き上がった餅の上に、しょう油を混ぜた大根おろしをたっぷりかける。しらす干し、七味とうがらしをトッピングするといっそうおいしい。

㉙ 大晦日（おおみそか）

◆12月31日

● ねぎそば

年越しそばに"除夜の鐘"、いよいよ明日はお正月。

行事のいわれ

一年の最後の日大晦日は、気持ちよく新年を迎える心の準備の日です。

　「大晦日」をどうして「おおみそか」と読むのでしょう。そもそも「おおみそか」とはどういう意味なのでしょうか？

　月末のことを「みそか」といいます。漢字で書くと「三十日」です。月末は28日も31日もあって、30日とは限らないのに、それでも月の終わりは「みそか」といいます。12月31日は一年の最後の「みそか」なので「おおみそか」というわけです。

　では「晦日」という字にはどんな意味があるのでしょう。旧暦では月が新月から満月になりふたたび新月にもどるまでを1カ月としていました。月末に近づいて月が細くなってやがて見えなくなることを、「月隠り」（つきごもり→つごもり）といいました。月が「隠って」暗くなる日を晦（くら）い日、「晦日」と書いて「つごもり」と読みました。それが、月末を「みそか」とよぶことと結びついて「晦日」を「みそか」と読むようになったのです。

　明治時代の文豪、樋口一葉の代表作「大つごもり」は、「大晦日」のことを描いています。

　大晦日につく鐘、「除夜の鐘」は百八つと決められています。仏教で、人は生きているあいだに百八つの煩悩、つまり心をまどわせたり悩ませたりするものを身に付けるといわれています。それを、鐘の音とともに洗い浄めるのが除夜の鐘です。

　年越しそばは「細く長く、来年も幸せを"そば"からかき入れる」という意味があります。そして、薬味にねぎを入れるのは、この一年の労を"ねぎ"らう、ということから来ています。

●ねぎそば

〈材料〉（4人分）

日本そば（ゆで）	4玉
長ねぎ	2本
のり（全形）	2枚
わさび	小さじ1
〈そばつゆ〉	
だし汁	8カップ
塩	小さじ2
しょう油	小さじ4
みりん	小さじ4

年越しといえばなんといっても"おそば"です。一年の労を「ねぎ」らって、ねぎの薬味たっぷりでいただきましょう。ちなみに、年越しそばは、年をまたいでいただくのが正式とか。

〈使う道具〉
包丁、まな板、鍋（2つ）、手付きざる、ボウル、菜ばし。

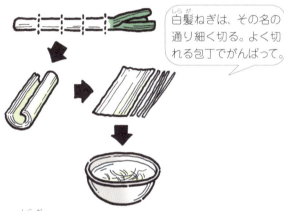

① 白髪ねぎをつくる。長ねぎは、5cmに切り、まん中に切れ目を入れて芯を取る。平らに広げ、繊維に沿って細い千切りにする。水にはなしてパリッとさせる。

② 鍋にだし汁を入れ、塩、しょう油、みりんで味付けをしておく。

③ 別の鍋にお湯を沸かし、沸騰したお湯にそばを通して温める。

④ 手付きざるで器にそばを入れ、おつゆをはり、のり、ねぎをたっぷりのせ、わさびを盛ってできあがり。

■行事の祝い方・楽しみ方

毎年行われるさまざまな行事の祝い方や楽しみ方、その日につくる料理を一覧にしました。学校や園、家庭で行事や調理を楽しむときの参考にしてください。

時　期	祝日・行事・ならわし	家庭や園での祝い方・楽しみ方	料　理
■4月			
1日	◎エイプリル・フール……p42		
春分後の最初の満月のつぎの日曜日	◎復活祭（イースター）……p158	ゆで卵の殻にクレヨンなどで絵を描きイースターエッグをつくる。イースターエッグを探す「卵狩り」ゲームをする。お弁当を持って桜の咲く公園に出かける。	・卵料理（ゆで卵、めだま焼き、オムレツ）
初旬	◎お花見……p40、p154		・だし巻き卵 ・変わりお握り
初旬	◎入園／入学式、進級式	お赤飯や紅白まんじゅうで祝う。	
■5月			
2日	◎八十八夜	茶摘みの最盛期のこの日に、お茶を飲んで長寿を願う。	
4日	◎みどりの日……p48	ガーデニングを楽しむ。公園や野山、植物園へ行って草木をめでる。	
5日	◎こどもの日……p50、p160 （端午の節句）	柏餅、ちまきを食べる。折り紙や新聞紙でかぶとや鯉のぼりをつくる。菖蒲湯に入って邪気を払う。	・若竹煮 ・柏餅 ・ちまき
第2日曜日	◎母の日……p52	折り紙でカーネーションをつくる。お母さんの似顔絵を描く。お母さんのお手伝いをする。家族でプレゼントを贈る。	
	◎初ガツオ	江戸の初夏の味の代表、初ガツオを食べる。	
	◎潮干狩り	旬のあさりを採りに出かける。	
	◎春の運動会		
	◎春の遠足		
■6月			
1日	◎更衣……p54	晴れた日に、冬物から夏物へ、洋服の整理をする。ふとんやクッション、げた箱など、家の中の夏支度をする。	
11日	◎入梅	子どもの傘やレインコート、雨靴のサイズを確認する。アジサイをめでる。	
	◎プール開き、海開き、川開き	安全な水遊びのためのルールを確認する。	
	◎山開き	手ごろな山にハイキングに出かける。新緑を楽しむ。	
第3日曜日	◎父の日……p56	お父さんの似顔絵を描く。家族でプレゼントを贈る。	

時　期	祝日・行事・ならわし	家庭や園での祝い方・楽しみ方	料　理
■ 7月			
初旬～中旬	◎お中元	日ごろお世話になっている人へお中元を贈る。	
7日	◎七夕 …… p60、p164	笹飾りをつくり、短冊に願い事を書く。夜空を見上げて天の川、こと座、わし座（夏の大三角）を見つける。そうめんを食べる。	・そうめん ・つゆそうめん ・ひき茶かん
13日～15日	◎お盆 …… p72、p172	ご先祖さまを迎え、まつる。盆踊りや盆祭りに行く。	
第3月曜日	◎海の日 …… p64		
下旬	◎土用の丑の日 …… p66、p168 ◎暑中見舞い	夏バテ防止にうなぎを食べる。晴れた日に衣類や書物などの土用干しをする。 先生やお友だち、遠くの親戚などに暑中見舞いを出す。	・うなぎ寿司 ・ひつまむし ・うなたま ・鰻巻き卵 ・うざく
■ 8月			
8日以降	◎残暑見舞い	先生やお友だち、遠くの親戚などに残暑見舞いを出す。	
13～15日	◎お盆 …… p70、p172	ご先祖さまを迎え、まつる。家族で帰省する。盆踊りや盆祭りに行く。	・変わりがんもどき ・ひじきの煮つけ ・ごま豆腐
15日	◎終戦記念日 …… p76、p176	平和の大切さについて教える。	・すいとん ・ぞうすい
■ 9月			
1日	◎防災の日 …… p78、p180	園、学校などで避難訓練を行なう。地域の避難場所を確認する。防災グッズの中身を点検する。非常時の家族の集合場所、連絡方法などについて確認しておく。	・厚手の鍋で炊くご飯 ・乾物サラダ ・パンケーキ
	◎秋の健康診断・身体測定 ◎秋刀魚（サンマ）	 秋を代表する魚、秋刀魚を食べる。この時期の秋刀魚は脂がのっておいしく、栄養価も高い。	
13日ごろ	◎お月見 …… p82、p184 （中秋の名月）	月見団子、里芋の煮ころがしをつくる。ススキや秋の七草を飾る。満月を愛でる。	・お月見団子 ・里芋のきぬかつぎ ・里芋のゆずみそ煮
第3月曜日	◎敬老の日 …… p80、p192	おじいちゃん、おばあちゃんに手紙や似顔絵などを贈る。	・茶碗蒸し
秋分の日とその前後3日間	◎秋の彼岸 …… p38、p188	お墓参りに行く。おはぎを食べる。	・ひなび田楽 ・ナスのけんちん煮 ・おから ・たんぽ餅、きりたんぽ ・御幣餅

時　期	祝日・行事・ならわし	家庭や園での祝い方・楽しみ方	料　理
■ 10月			
1日〜12月31日	◎赤い羽根共同募金 …… p84	募金に協力する。街頭募金にボランティアとして参加する。	
第2月曜日	◎体育の日 …… p86	スポーツを楽しむ。近くの公園で軽い運動をする。	
	◎秋の運動会		
27日〜11月9日	◎読書週間 …… p90	読み聞かせをする。図書館に行く。	
31日	◎ハロウィン	かぼちゃをくりぬいて「ジャック・オ・ランタン」をつくる。仮装パーティーをする。	
	◎秋の遠足 ◎紅葉狩り ◎秋の味覚を楽しむ	芋掘り、栗拾い、りんご狩りなどに出かける。	
■ 11月			
3日	◎文化の日 …… p92	美術館、博物館、ホールなどに行って文化・芸術に親しむ。	
	◎文化祭、学芸会、生活発表会		
15日	◎七五三 …… p94、p194	3歳、5歳、7歳の子どもがいる家庭は家族で神社へお参りし、お祝いする。晴れ着を着て、家族の記念写真を撮る。家族で祝い膳を囲む。	・紅白なます ・かき揚げ ・きな粉あめ ・千歳飴
23日	◎勤労感謝の日 …… p98	働いている家族に感謝の手紙を出す。	
	◎大師講 …… p100		・霜月粥
■ 12月			
初旬	◎冬の保存食 …… p198	今年やり残したことを書き出す。今年中にやることを決める。	・ぬか漬け ・のりつくだ煮 ・そぼろふりかけ
8日	◎事始め …… p30		・お事汁
13日	◎正月始め …… p102	年末の大掃除、正月を迎える準備にとりかかる。年賀状を書く。クリスマスの飾りつけをはじめる。	
22日ごろ	◎冬至 …… p100、p202	かぼちゃを食べてこの時期不足しがちなビタミンを補給する。ゆず湯に入って無病息災を願う。	・かぼどりの揚げ煮 ・白玉のかぼちゃあん ・かぼちゃのミルク煮
24日	◎クリスマスイブ …… p206	クリスマス会を開く。お友だちや家族でプレゼントを贈り合う。	・クリスマスケーキ ・ローストチキン ・てり焼きチキンもも ・ローストビーフ ・りんごのほったら菓子
25日	◎クリスマス …… p104		
下旬	◎餅つき …… p212	正月を迎える準備をする（紙垂をつくる。鏡餅、松飾り、お節料理など）。	・ずんだ餅 ・からいもんねったぼ ・焼き餅いろいろ
31日	◎大晦日 …… p106、p216	年越しそばを食べる。除夜の鐘を聞く。	・ざるそば ・てんぷらそば ・玉子とじそば ・しっぽく ・ねぎそば

時　期	祝日・行事・ならわし	家庭や園での祝い方・楽しみ方	料　理
■ 1月			
1日	◎正月 …… p10、p124	初詣に行く。初日の出を見に行く。お屠蘇を飲む。雑煮、お節料理を食べる。年始回りをする。伝統的な正月遊びをする。	・お雑煮（関東風・京風） ・おせち料理（きんとん、田作り、七福神なます、松風焼き） ・タイの浜焼き ・お屠蘇
2日		書き初めをする。	
7日	◎七草粥（七日正月）…… p18、p132	七草粥をつくる。	・七草がゆ ・あられ七草粉がゆ ・七草の菜飯
11日	◎鏡開き …… p20、p136	お汁粉をつくる。	・ぜんざい（お汁粉）
13〜15日	◎小正月 …… p22、p138	繭玉をつくって飾る。小豆粥をつくる。どんど焼きで正月飾りを燃やす。	・小豆がゆ
第2月曜日	◎成人式（成人の日）…… p120		・ご飯を炊く ・手巻き寿司
■ 2月			
3日ごろ	◎節分 …… p28、p140	柊と鰯で厄除け飾りをつくり、軒下に飾る。豆まきをする。	・鰯の蒲焼き
8日	◎事納め …… p30		・お事汁
14日	◎バレンタインデー …… p32、p142	バレンタインカードを書く。チョコレートのプレゼントをつくる。	・チョコレート ・チョコレートケーキ
■ 3月			
3日	◎ひな祭り …… p36、p144	折り紙や卵の殻を使ってひな人形をつくる。ひな人形を飾る。五目ちらし寿司とはまぐりのお吸い物をつくる。ひなあられ、白酒、菱餅などのお供え物を食べる。	・はまぐりのお吸い物 ・ちらし寿司 ・ひなあられ ・蓬餅 ・白酒 ・菱餅
14日	◎ホワイトデー …… p33	バレンタインデーに贈り物をくれた人にお返しする。	
春分の日とその前後3日間	◎卒園式、卒業式、修了式 ◎春の彼岸 …… p38、p148 ◎歓送迎会 …… p150	お赤飯や紅白まんじゅうでお祝いする。 墓参りに行く。ぼた餅を食べる。	・ぼた餅 ・おにしめ ・春餅（ツンピン） ・かたくり餅
■ 通過儀礼			
	◎お食い初め …… p112	「一生、食べ物に困らないように」との願いを込めて、赤ちゃんの口先にお粥をちょこんとつける。	・離乳食のお粥 ・タイご飯 ・にんじんORSスープ
	◎1歳のお誕生日 …… p116	お赤飯を炊いて、元気に育ったことをお祝いする。	・お赤飯 ・フライドチキン ・ごまブラマンジェ

かいせつ

●行も事も「まつり」を意味することば

　毎年同じ月日がめぐってくるたびに、家庭や地域社会で、あるいはさまざまな集団や組織によってくり返される特別な催しが年中行事です。また、正確に毎年定まった日でなくても、ほぼ同じころになると、決まって行なわれるものであれば、それらも年中行事に含まれます。

　年中行事ということばが、最初に文献に出てくるのは、平安時代の宮中の清涼殿（天皇常住の御殿）に立てられた「年中行事御障子」です。これは年中行事を間違いなく行なおうとした天皇の意志を受けてつくられた衝立障子で、表と裏に行事の綱目が挙げられていました。

　「行事」の「行」と「事」は、もともと「まつり」を意味することばでした。年中行事は、一年間に行なうまつり、といい換えてもいいでしょう。天皇が国の政治を怠りなく行なっていくために不可欠であった年中行事は、やがて貴族層に広まり、貴族の家のまつりとなります。

　さらに、江戸時代中期以降、都市の拡大と情報・流通網の整備にともなって一般庶民に定着し、私たちが現在行なっているような原型が次第にととのえられました。しかし、同じ行事でも、都市生活者と農山漁村民とでは、その行事の解釈、込めた願いに違いが出てくるのは当然です。七夕に「星祭り」と「水にちなむ伝説」とが併存しているのは、この典型的な例です。

　いうまでもなく、長い歴史のある行事だけが価値のあるものではありません。幕末から明治以降になってさかんになったり、現代に誕生した行事も、それぞれ、重要な意味を持っています。とくに、第2次世界大戦後、国の記念日・祝日として定められた行事には、人びとの深い思いが込められています。

　年中行事に限らず、歴史的事物はその由来や本来の意味を系統立てて理解することは困難なことでしょう。とりわけ、都市生活を最良のものとして、そこでの価値観が優位になっている現代社会においては、農山漁村の生産・労働から発生した行事の意味が欠落したり、矮小化される事例があることは否めません。

　行事も生きものです。わずかな時間では変わらなくても、時代の推移にともなって変化して当然です。年中行事は、その意味や由来を知っておくことの大切さと同時に、続けやすい方法を見つけ出して、継承していくことで、人びとの交わりを豊かにしたり、暮らしを潤いあるものにしていくエネルギーを持っています。

●年中行事と通過儀礼

　年中行事と通過儀礼とは違うのでしょうか？　つい最近、授業の後に学生からこう質問されました。ちょうど「七五三」を取りあげていた授業のときでした。「七五三」は、厳密には年中行事ではありません。個人の一生において、一定年齢に達したときに、これを祝うとともに、一定の年齢集団の構成員であることを社会から認めてもらう、年祝いの儀礼です。一生に一度だけで、習慣性を持ちません。こういった、個人の生活史における移行の儀礼を通過儀礼といいます。

　通過儀礼の特色は相互性にあります。

　七五三のもとになった、子どもの成長の節目を祝う伝統は古く、庶民のあいだでは「七つ子祝い」の歴史がありました。「七つ前は神のうち」などといって、幼児は何をしても神様に許されるとされていました。それが、七つ祝いを境として氏神の氏子となり、これからは神様をまつる側の人間になるとされたのでした。このように、個人の家庭内儀礼が社会儀礼化し、より多くの人びとによって祝福と承認を与えようとするところに、年中行事化していく契機がみられます。

　成人式なども、現代では一挙に大人の仲間入りをしますが、以前には、成人と認められるまでにはいくつかの段階がありました。その段階が、社会的システムとして機能するのが、季節の折目節目での共同体の行事でした。行事には、年齢に応じてそれぞれの力を要求される場面があり、その一つひとつが集団で統一された団体行動でした。それら集団的な奉仕活動を通して、人間が生きていくうえで必要な立ち居ふるまいや言葉づかい、人と人との付き合い方を学び、一人前

（成人）として認められていったのでした。

●子どもの遊びと行事の要素

年中行事のなかには、大人や年長者の後見のもとで、年少者たちが主役になってきた行事がいくつかあります。暦で追いかけると小正月のどんど焼き、鳥追い、もぐら追い、正月の天神講、二月の初午、三月節句の雛流し、磯遊び、山遊び、五月節句の菖蒲打ち、七月の七夕、盆行事、八月の十五夜、十月の十日夜（とおかんや）、亥の子などさまざまなものがあります。

これらの行事を実行してきた背景に、寺子屋や子供組の果たした役割は無視できません。改めて、園・学校・学童保育などを年中行事のあらたな担い手として積極的に位置づけ直す必要があると考えています。

これに加えて、行事の基本形式、全体の構成、またその一部を成す諸要素と子どもの遊戯性との共通性も改めて注目する必要があると思います。

古くから行なわれてきた子どもの遊びには、列をなす・練り歩く・ぐるぐる回る・ものを打つ・搗く・打ち合う・音をたてる・はやす・問答する・向き合うなどの身体動作を伴っています。また、歌を伴っているのも特徴ですが、歌詞には「鬼遊び」に見られるように、境界的な領域に強い関心を示しています。

一方、行事にそなわった基本形式は、神迎え―神人交流・共食―神送りであり、とりわけ、神を送迎することに重きがおかれました。人間とは異なった世界に住まう神との交流は、念入りな準備によって果たされ、つぎの交流のためには、丁重な送りがなければならないと考えたのです。

行事の一部の要素を成す、練り・行列・囃は丁重な送りから生まれたと考えられ、鳥追い、雛流し、笹流し、亥の子の新婚家庭の囃したて、初午、地蔵盆の勧進、勧化など、すべてこの形式をとっています。

こうして、子どもの遊びと行事とを比べてみると、複写したような共通性を発見できます。ここから、子どもの遊びは、行事を遊戯化したものとする見解もありますが、子どもの遊びが行事の行為をそのまま反映したというよりも、むしろ、子ども自体に内在する特徴と見るべきではないでしょうか。子ども自体が境界的存在であると見るならば、境界からの迎えと送りをテーマとする行事の内容に、子どもの遊戯性が大きな地位を占めていても不思議ではありません。

●行事と一年の生活リズム

年中行事は、一見単独で存在しているように見えますが、生活の中から生まれてきたものなのですから、一年の時のリズム・自然のサイクルと呼応し、連鎖的に配置されているのです。

一年の前半では、正月の招福→2月の厄除行事の後に3月4月と遊び・屋外飲食が続き、初夏に入ります。初夏の行事の特徴は、衣食住にわたって、除疫のための祈願の要素が強調されています。これは、盛夏に迎えようとするこの時期は、病気に関する危険度がピークに達するときだからです。長い梅雨を切り抜けなければなりません。そのために5月の菖蒲湯からはじまって、更衣→夏越しと手続きを踏みます。土用の梅干し、薬草干し、土用うなぎは、この手続きの最後です。それと同時に、盆の霊まつりの準備行事ともなっています。そして、盆という大きな祭りを終えて、もう一度同じリズムをくり返して正月を迎えるのです。

そして本書の中でも強調されているように、行事と行事食は一体不可分な関係にあり、その地域にいわれをもつ特産品も多く使われています。それぞれの行事には、食を媒介とした健康への願いが込められているのです。

このように見てくると、いま園や学校で年中行事を活かしていくには、行事リストと併せて、行事の連動を考えていくべきなのかもしれません。また、現在行なわれている最大公約数的な行事の間に、さきの例でいうと、更衣、夏越し、土用干しなどの行事、食教育の要素を入れていくのもよいアイデアだと思います。

一つひとつの行事への理解が深まり、暮らしの中で年中行事がより生き生きしたものになることを願っています。

長沢ヒロ子

第1部　伝統行事編

谷田貝公昭（やたがい・まさあき）[監修]
目白大学名誉教授　保育学・教育学専攻
NPO法人子どもの生活科学研究会代表ほか。
『保育原理』『教育基礎論』『幼児・児童心理学』『新・保育用語辞典』（以上著、一藝社）、『幼児教育原論』『教育原論』（以上著、コレール社）、『イラスト版手のしごと』『イラスト版体のしごと』『イラスト版子どものマナー』『イラスト版学習のこつ』『イラスト版子どものお手伝い』『6歳までのしつけと子どもの自立』（以上監修、合同出版）ほか多数。

● 執筆者紹介

長沢ヒロ子（ながさわ・ひろこ）
元目白大学人間学部子ども学科非常勤講師　近世芸文専攻

本間玖美子（ほんま・くみこ）
目白大学人間学部子ども学科教授　体育学専攻

髙橋弥生（たかはし・やよい）
目白大学人間学部子ども学科教授　保育学専攻

第2部　行事食編

坂本廣子（さかもと・ひろこ）[著]
食育・料理研究家・学術博士（食育）
農林水産技術会議委員、近畿米粉食品普及推進協議会会長、相愛大学客員教授、神戸女子短期大学非常勤講師、子ども博物館キッズプラザオーサカ講師、日本伝統食品研究会理事、キッズキッチンジャパン代表、キッズキッチン協会会長。防災教育スペシャリスト。
神戸に生まれ育つ。「台所は人生と社会の縮図」として、40年にわたる食教育の実践、子どもにきちんと料理の仕方を教える台所育児のすすめとともに、調理による教育法としてキッズキッチンを全国展開する。高齢者のための火のない調理システムの普及、食の村おこし、商品開発などを行う。NHK「ひとりでできるもん」の生みの親でもある。二男一女の母。『坂本廣子の台所育児』（農文協）、『坂本廣子のジュニアクッキング』1～5巻（偕成社）『イラスト版台所のしごと』（合同出版）、『坂本廣子のつくろう！食べよう！行事食 全3巻』（少年写真新聞社）他著書多数。

● 編集協力　坂本佳奈（食文化・料理研究家）
大阪市立大学大学院卒業。工学修士。
美作大学大学院後期博士課程在学中（ウイグル料理・文化を研究）。
子どものための防災教育を行う、まなぼうさいラボ所長。

サカモトキッチンスタジオ
〒658-0014　兵庫県神戸市東灘区北青木2-8-8
http://skskobe.com

イラストでわかる
日本の伝統行事・行事食

2017年　1月30日　第1刷発行

第1部監修者　谷田貝公昭
第2部著者　　坂本廣子
発行者　上野良治
発行所　合同出版株式会社
　　　　〒101-0051　東京都千代田区神田神保町1-44
　　　　TEL 03 (3294) 3506／FAX 03 (3294) 3509
　　　　振替 00180-9-65422
　　　　http://www.godo-shuppan.co.jp/
印刷・製本　株式会社シナノ

●刊行図書リストを無料送呈いたします。
●落丁乱丁の際はお取り替えいたします。

本書を無断で複写・転訳載することは、法律で認められている場合を除き、著作権及び出版社の権利の侵害になりますので、その場合にはあらかじめ小社宛てに許諾を求めてください。

ISBN 978-4-7726-1302-6　NDC 386　263×185
© Masaaki Yatagai, Hiroko Sakamoto, 2017

● イラスト　第1部　伝統行事編：深見春夫
　　　　　　第2部　行事食編：Shima.

● 編集・レイアウト　ギャラップ